Carl-Auer

Die Reihe »Beratung, Coaching, Supervision«

Die Bücher der petrolfarbenen Reihe *Beratung, Coaching, Supervision* haben etwas gemeinsam: Sie beschreiben das weite Feld des »Counselling«. Sie fokussieren zwar unterschiedliche Kontexte – lebensweltliche wie arbeitsweltliche –, deren Trennung uns aber z. B. bei dem Begriff »Work-Life-Balance« schon irritieren muss. Es gibt gemeinsame Haltungen, Prinzipien und Grundlagen, Theorien und Modelle, ähnliche Interventionen und Methoden – und eben unterschiedliche Kontexte, Aufträge und Ziele. Der Sinn dieser Reihe besteht darin, innovative bis irritierende Schriften zu veröffentlichen: neue oder vertiefende Modelle von – teils internationalen – erfahrenen Autor:innen, aber auch von Erstautor:innen.

In den Kontexten von Beratung, Coaching und auch Supervision hat sich der systemische Ansatz inzwischen durchgesetzt. Drei Viertel der Weiterbildungen haben eine systemische Orientierung. Zum Dogma darf der Ansatz nicht werden. Die Reihe verfolgt deshalb eine systemisch-integrative Profilierung von Beratung, Coaching und Supervision: Humanistische Grundhaltungen (z. B. eine klare Werte-, Gefühls- und Beziehungsorientierung), analytisch-tiefenpsychologisches Verstehen (das z. B. der Bedeutung unserer Kindheit sowie der Bewusstheit von Übertragungen und Gegenübertragungen im Hier und Jetzt Rechnung trägt) wie auch die »dritte Welle« des verhaltenstherapeutischen Konzeptes (mit Stichworten wie Achtsamkeit, Akzeptanz, Metakognition und Schemata) sollen in den systemischen Ansatz integriert werden.

Wenn Counselling in der Gesellschaft etabliert werden soll, bedarf es dreierlei: der Emanzipierung von Therapie(-Schulen), der Beschreibung von konkreten Kompetenzen der Profession und der Erarbeitung von Qualitätsstandards. Psychosoziale Beratung muss in das Gesundheits- und Bildungssystem integriert werden. Vom Unternehmen finanziertes Coaching muss ebenso wie Team- und Fallsupervisionen zum Arbeitnehmerrecht werden (wie Urlaub und Krankengeld). Das ist die Vision – und die politische Seite dieser Reihe.

Wie Counselling die Zufriedenheit vergrößern kann, das steht in diesen Büchern; das heißt, die Bücher werden praxistauglich und praxisrelevant sein. Im Sinne der systemischen Grundhaltung des Nicht-Wissens bzw. des Nicht-Besserwissens sind sie nur zum Teil »Beratungsratgeber«. Sie sind hilfreich für die Selbstreflexion, und sie helfen Berater:innen, Coachs und Supervisor:innen dabei, hilfreich zu sein. Und nicht zuletzt laden sie alle *Counsellor* zum Dialog und zum Experimentieren ein.

Dr. Dirk Rohr
Herausgeber der Reihe »Beratung, Coaching, Supervision«

Dirk Rohr, Haim Omer
Maria Aarts, Ben Furman

Gelingende Kommunikation mit Kindern und Jugendlichen

Neue Autorität, Marte Meo und Ich schaffs!

Dritte Auflage, 2025

Themenreihe »Beratung, Coaching, Supervision«
hrsg. von Dirk Rohr
Reihengestaltung: Uwe Göbel
Umschlaggestaltung: Heinrich Eiermann
Umschlagfoto: © Valeria Santarelli – stock.adobe.com
Redaktion: Dr. med. Nicola Offermanns
Satz: Drißner-Design u. DTP, Meßstetten
Printed in Germany
Druck und Bindung: CPI books GmbH, Leck

MIX
Papier | Fördert gute Waldnutzung
FSC® C083411
CPI klimaneutral
Mehr Bäume.Weniger CO_2

Dritte Auflage, 2025
ISBN 978-3-8497-0356-1 (Printversion)
ISBN 978-3-8497-8344-0 (ePUB)

Bibliografische Information der Deutschen Nationalbibliothek:
Die Deutsche Nationalbibliothek verzeichnet diese Publikation
in der Deutschen Nationalbibliografie; detaillierte bibliografische
Daten sind im Internet über http://dnb.d-nb.de abrufbar.

Informationen zu unserem gesamten Programm, unseren Autoren
und zum Verlag finden Sie unter: **https://www.carl-auer.de/**
Dort können Sie auch unseren Newsletter abonnieren.

Carl-Auer Verlag GmbH
Vangerowstraße 14 • 69115 Heidelberg
Tel. +49 6221 6438-0 • Fax +49 6221 6438-22
info@carl-auer.de

Inhalt

Einleitung

Bei der Vorbereitung für die Tagung »Gelingende Kommunikation mit Kindern und Jugendlichen« und die Fertigstellung dieses gleichnamigen Buches habe ich es als meine Aufgabe verstanden, »eine Bühne zu bereiten« und durch die Auswahl der Rednerinnen und Redner, Autorinnen und Autoren eine möglichst spannende, aber auch besonders breite Auseinandersetzung mit der Thematik zusammenzutragen. Mein Anspruch war es, für alle »Beteiligten« ein hilfreiches Buch zur Verfügung zu stellen, das neugierig macht, Fragen aufwirft und zur (Selbst-)Reflexion sowie zur gemeinsamen Reflexion, zum Dialog einlädt.

Im Leben gibt es Situationen (oder Phasen), in denen uns die Kommunikation mit (unseren) Kindern nicht gelingen will – als Eltern, aber auch als Professionelle. Es gibt kaum emotionalere Themen als die Sorge um (unsere) Kinder. Angst, Traurigkeit, Scham, der Wunsch nach Verlässlichkeit und Nähe sind bei uns Erwachsenen oft Stimmen im inneren Team – ebenso, wie das Bedürfnis nach Autonomie, Freiheit und Spontaneität Stimmen im inneren Team der Kinder und Jugendlichen sind. Und vice versa. Nach meiner Erfahrung haben wir immer alle Gefühle und Bedürfnisse in uns. Nach Carl Rogers (1977), dem Begründer des personenzentrierten Ansatzes, gibt es 4 Schritte für die gelingende Kommunikation:

- Empathie, Wertschätzung und Kongruenz sowie die Bewusstwerdung als erster Schritt
- das Verbalisieren als zweiter
- das Verstehen der eigenen Emotionen als dritter und
- das positiv konnotierende bzw. wertschätzende Annehmen dieser Emotionen als vierter Schritt.

Diese Schritte sind die wichtigsten Parameter und unabdingbare Bestandteile gelingender Kommunikation in Beratungssettings. Sind sie dies in gleicher Weise auch für die gelingende Kommunikation mit Kindern und Jugendlichen?

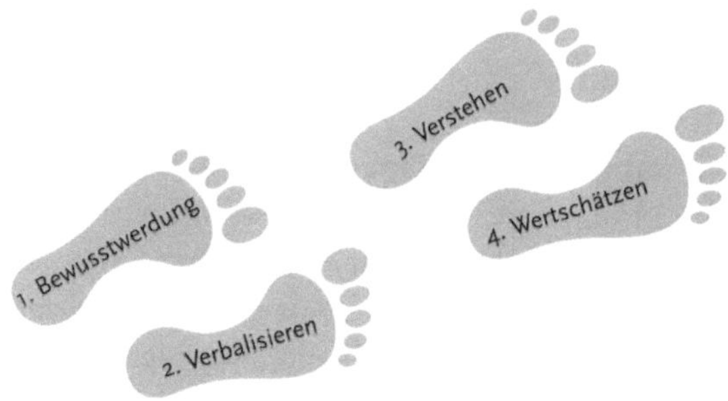

Abb. 1: Schritte in Anlehnung an Rogers (Rohr 2016b)

Dieses Buch entsteht also im Kontext der Tagung »Gelingende Kommunikation mit Kindern und Jugendlichen« an der Universität zu Köln. Sie ist Teil der Tagungsreihe »Gelingende Kommunikation mithilfe von systemisch-humanistischen (Beratungs-)Ansätzen«, die wir 2016 mit Friedemann Schulz von Thun begonnen haben und seitdem jährlich durchführen. Das Buch richtet sich an Professionelle aus den Bereichen Pädagogik, Erziehung, Schule, Sozialarbeit, Beratung und Therapie – aber auch an Eltern und Erziehungsberechtigte. Ziel des Buches ist, die allseits bekannten Konzepte von Haim Omer, Maria Aarts und Ben Furman nicht nur vorzustellen, sondern auch einzuordnen und zu vergleichen (s. Kap. 4). Hauptfokus sollen aber die Konzepte selbst sein. Sie werden jeweils anhand eines Einführungstextes, eines Interviews und ausgewählter Forschungs- bzw. Evaluationsergebnisse kurz vorgestellt.

Alle drei Ansätze sind sowohl Beratungs- als auch pädagogische Konzepte – im weitesten Sinne Erziehungsberatungskonzepte. Sie sind mehr oder weniger klar theoretisch basiert und ausdifferenziert, was sie einzigartig und populär macht. Dies soll in Kapitel 4 diskutiert werden. Die Beschränkung auf eben diese drei Konzepte fiel nicht schwer, da sie im Kontext Kommunikation mit Kindern und Jugendlichen im deutschsprachigen Raum mit Abstand die bekanntesten und verbreitetsten sind.

Das in Kapitel 1 vorgestellte Beratungskonzept ist das von Haim Omer, die *Neue Autorität* – zum Teil auch bekannt als »Nonviolent Resistance« (NVR). Hierbei handelt es sich um einen Ansatz dazu, wie sich die Präsenz von Eltern erhöhen und Eskalationen in der Familiensituation mit Kindern und Jugendlichen vermeiden lassen. In Form des *Gewaltlosen Widerstands* ist dies außerdem ein Interventionsansatz, der auch dann noch wirksam wird, wenn die (gewaltfreie) Kommunikation zwischen Eltern und Kind an ihre Grenzen geraten ist. Die *Neue Autorität* versteht sich dabei sowohl als Gegenhaltung zur »alten«, traditionellen Autorität als auch zu der in der Zwischenzeit populär gewordenen These, dass Erziehung ohne Autorität gelingen könne.

Das in Kapitel 2 beschriebene Beratungskonzept *Marte Meo* von Maria Aarts ist eine Methode zur Entwicklungsunterstützung. Fachleute können ihr fachspezifisches Wissen mit den *Marte Meo*-Informationen kombinieren, um die Entwicklungsbedürfnisse ihrer jeweiligen Zielgruppe zu unterstützen. Im Mittelpunkt der Methode stehen einzelne Interaktionen, welche videobasiert analysiert werden. Zeigen sich in der beobachteten Interaktion (z. B. zwischen Eltern und Kind) Schwierigkeiten, werden diese in Entwicklungsmöglichkeiten (des Kindes) übersetzt und im Beratungsgespräch (mit den Eltern) durch das Vermitteln von unterstützenden Kommunikationsfähigkeiten adressiert.

Bei dem in Kapitel 3 behandelten Beratungskonzept *Ich schaffs!* von Ben Furman ist der Grundgedanke, dass Kinder eigentlich keine Probleme haben, sondern nur Fähigkeiten, die sie noch erlernen müssen. Es ist eine lösungsfokussierte Methode, mit der Kinder ihre Schwierigkeiten positiv und konstruktiv überwinden können, indem sie neue Fähigkeiten erlernen. Dabei werden sie durch ein 15-Schritte-Programm unterstützt, das auch ihr Umfeld mit einbezieht.

In Kapitel 4 werden dann noch mal alle Konzepte aufgegriffen und gegenübergestellt: Welche Gemeinsamkeiten und Unterschiede gibt es.

Sowohl in diesem Buch als auch auf der Tagung können wir Haims, Marias und Bens Konzepte nur kurz »anreißen«. Wir hoffen sehr, Ihre Neugier so weit zu wecken, dass Sie die weiterführenden Veröffentlichungen zu den Konzepten, die wir im Literaturverzeichnis aufführen, nutzen wollen.

Wer sich neben der Lektüre auf unterschiedliche Medien und Formate einlassen möchte, kann sich die Interviews mit Haim Omer, Maria Aarts und Ben Furman auch als Videos anschauen oder anhören.[1] Hier finden Sie auch Informationen über aktuelle Weiterbildungen zu den drei Konzepten. Weitere Informationen zur Tagung bzw. zur Tagungsreihe finden Sie unter www.tagungsreihe-gelingende-kommunikation.de.

Abschließend möchte ich mich vor allem bei Haim, Maria und Ben ganz herzlich bedanken – für die Bereitschaft zu diesem umfangreichen Projekt (Tagung, Interviews, dieses Buch und gemeinsame Weiterbildungen) und für die unkomplizierte und konstruktive sowie herzlich-freundschaftliche Zusammenarbeit!

Einen außergewöhnlichen Dank möchte ich aussprechen an Isabella Kneuper für ihre Mithilfe bei der Erstellung dieses Buches und an Robert Baum und Bianca Rusch vom Arbeitsbereich Beratungsforschung der Universität zu Köln für ihre Hilfe bei der Organisation und Ausrichtung der Tagung. Als Kooperationspartner sind neben dem Kölner Institut für Beratung und pädagogische Professionalisierung dieses Mal auch die Carl-Auer Akademie und die International Association for Counselling (IAC) beteiligt. Hiermit möchte ich allen herzlich danken.

Und nun wünsche ich Ihnen eine ebenso informative wie auch unterhaltsame und kurzweilige Lektüre.

Köln, im April 2021
Dirk Rohr

1 Verfügbar unter www.koelner-institut.de [7.4.2021].

1 *Neue Autorität*

von Haim Omer

1.1 Einführung in das Konzept

Was ist die besondere Herausforderung, mit der Eltern und Lehrer:innen heutzutage konfrontiert sind? Warum ist es anders und schwieriger als früher, Elternteil oder Lehrer:in zu sein?

Der erste Grund ist, dass die Rollen von Eltern und Lehrkräften unschärfer geworden sind, an Klarheit und Eindeutigkeit eingebüßt haben. Früher hatten Eltern die Pflicht, für das physische Wohlergehen des Kindes zu sorgen und dem Kind Werte (z. B. den Unterschied zwischen Gut und Böse) und Grundfähigkeiten zu vermitteln. Lehrer:innen sollten lehren und für die Disziplin in der Klasse sorgen. Die Aufgaben waren klar begrenzt. Heute sind die Erwartungen viel umfangreicher und undefinierter. Eltern sind verantwortlich für die Entwicklung der Persönlichkeit ihres Kindes. Wenn Probleme aufkommen, gelten sie als die Schuldigen. Auch Lehrer:innen sind für viel mehr verantwortlich als in der Vergangenheit: Wenn das Kind im Unterricht kein Interesse zeigt, ist die Lehrkraft schuld. Wenn das Kind nicht sozial integriert ist, ist die Lehrkraft schuld. Um die Tragweite dieser Veränderung erfassen zu können, denken wir an Pinocchio und Gepetto. Früher hätte niemand behauptet, dass Gepetto die Schuld für Pinocchios Schwierigkeiten trägt. Heute hingegen würden fast alle so denken.

Dieser Mangel an Klarheit in der Erziehung zeigt sich in einer sehr häufigen Frage: »Was haben wir als Eltern falsch gemacht?« Es schwingt ein diffuses Schuldgefühl mit – die Annahme ist, dass wir etwas falsch gemacht haben müssen, nur wissen wir nicht genau was. Die Eltern von heute sind sehr verunsichert im Hinblick auf ihre Rolle, ihre Möglichkeiten, die Verantwortung und Zielrichtung. Dieses konfuse Gefühl erschwert ihnen das Handeln erheblich. Es zeigt sich ein starker Mangel an elterlichem Mut – insbesondere dann, wenn Mut am nötigsten ist.

Die Situation von Lehrkräften ist ähnlich: Ihre Rolle ist ebenfalls weniger eindeutig geworden. Früher wurde von ihnen »nur« erwartet, dass sie die Kinder konkrete Dinge wie Lesen und Schreiben lehren und für Disziplin sorgen. Heute sind die Erwartungen hingegen viel umfassender und undefinierter. Es geht nicht mehr nur um Disziplin, sondern um die Atmosphäre in der Klasse, also das »Klassenklima«. Und es geht nicht mehr nur um Lehre, sondern um Interesse, Anregung, Inspiration und Unterhaltung. Vor einiger Zeit wären Eltern nicht auf die Idee gekommen zu sagen: »Mein Sohn lernt nicht, weil die Lehrerin so langweilig ist.« Diese Unklarheiten über die jeweiligen Verantwortlichkeiten führen dazu, dass die Lehrer:innen wie in Treibsand laufen. Sie spüren keinen soliden Untergrund mehr, sodass sie nicht mehr den Mut aufbringen können, entschieden zu handeln.

Es gibt noch eine zusätzliche Schwierigkeit: Obwohl die Erwartungen gestiegen sind, wurden die Handlungsoptionen, die den Eltern und Lehrer:innen zur Erfüllung der Erwartungen zur Verfügung stehen, weniger. Eltern und Lehrkräfte befinden sich hier in einer ähnlichen Situation. Manche Dinge, die sie einst tun konnten, um auf das Kind einzuwirken, sind heute verpönt, wenn nicht sogar gesetzeswidrig. Den meisten Eltern und Lehrer:innen der früheren Generation würde heute wahrscheinlich der Prozess gemacht werden. Die Erziehungsmethoden, die heute verpönt oder verboten sind, sind in der Tat höchst problematische und schädliche Mittel. Trotzdem fühlen sich manche Eltern und Lehrer:innen entmachtet. Einige sind so eingeschüchtert, dass sie den Mut zum Handeln ganz verlieren – unter anderem, weil der (ver)urteilende Blick von Dritten sehr lähmend sein kann. Es geht dabei nicht nur um Verbote, z. B. das Verbot von körperlichen Strafen, sondern auch um die Kritik, den Blick der anderen und um die Angst vor diesem Blick. Es ist ein höchst entmutigender Blick. Bei Lehrkräften führt diese Angst oft dazu, dass sie sich komplett zurückziehen und sich nicht trauen, Probleme zu offenbaren und anzusprechen. Es genügt ein Blick, der besagt »Bei mir könnte das nicht passieren«, um die Lehrkraft vollständig zu paralysieren.

Zusätzliche Faktoren, die sowohl Eltern als auch Lehrer:innen schwächen, sind Isolation und Einsamkeit, die heute umfassender sind als in der Vergangenheit. Eltern sind aus zahlreichen Gründen öfter allein: weil die Großfamilie geschrumpft ist, es viel mehr Scheidungen und alleinerziehende Eltern gibt und auch, weil die Gesellschaft sich in Einzelteile zerspalten hat. Wir leben heute viel mehr in einer privaten Blase als früher. Die Lehrkräfte sind häufiger auf sich allein gestellt, weil die Schulen größer und dadurch anonymer geworden sind, weil die Gemeinden, in denen sie einmal bekannt waren und

Anerkennung bekamen, zu anonymen Metropolen geworden sind, und weil die kritische Atmosphäre, die heute gegenüber Lehrer:innen herrscht, diese mehr und mehr auf sich selbst zurückwirft. Eltern und Lehrende erhalten viel weniger Rückhalt. Forschungen zeigen: Wenn Eltern über mehr Rückhalt verfügen (z. B., wenn Großeltern involviert sind), besteht eine geringere Gefahr von z. B. Schulabbrüchen oder Delinquenz seitens der Kinder. Der Rückhalt erlaubt es den Eltern also, gefährlichen Entwicklungen mehr entgegenzusetzen.

Diese Krise wird durch die gravierenden Versuchungen und Gefahren, denen Kinder überall ausgesetzt sind, noch verstärkt. Kinder sind heute mehr denn je mit Versuchungen konfrontiert und haben viel mehr Raum, sich zu verstecken und dem elterlichen Radar auszuweichen, da ihnen die moderne Stadt endlose Möglichkeiten anbietet unterzutauchen. Früher waren Kinder sichtbarer. Wenn sie etwas Schlimmes oder Gefährliches anstellten, war die Wahrscheinlichkeit, dass jemand sie entdeckte, viel größer. Die Anonymität der modernen Gesellschaft verstärkt also die negativen Auswirkungen der Versuchungen und Gefahren ungemein.

Parallel dazu, dass Kinder immer mehr mit Versuchungen überflutet werden und der Dschungel der Stadt ihnen das perfekte Versteck bietet, hat sich die Privatsphäre zu etwas Heiligem entwickelt. Eine »Invasion in die Privatsphäre« gilt heute als absolut tabu. Wenn ein Kind schreit »Das ist mein Zimmer«, »Mein Geld«, »Meine Sachen«, »Mein Handy«, »Meine Freunde«, dann müssen die Eltern sofort verstummen. Sobald ein Kind eine Therapie durchläuft, zeigt sich diese Heiligung der Privatsphäre besonders deutlich als paradoxer Effekt: Alles, was in der Therapie bearbeitet wird, gehört von nun an zur Privatsphäre des Kindes. Der Satz »Ich arbeite daran in meiner Therapie« erzeugt einen schützenden Schirm vor dem Blick der Erwachsenen. Es bleibt ihnen nichts anderes übrig, als abzuwarten, dass die Therapie zu wirken beginnt. Eltern und Lehrkräfte, die darauf bestehen, dass ihre Kinder oder auffällige Schüler:innen in Therapie gehen, stellen zu ihrer eigenen Verblüffung oft fest, dass das Kind von diesem Punkt an gegen jegliche Maßregelung immun ist: Es arbeitet nur mit dem Therapeuten oder der Therapeutin an dem Problem. Die Eltern und Lehrer:innen müssen sich gedulden.

Dazu kommt die größte aller Erschütterungen: Computer, Internet und Handy haben Eltern und Lehrkräfte ihrer besonderen Stellung beraubt. Ursprünglich waren sie die Weisen, sie wussten mehr als das Kind. Nun wird diese Wahrheit infrage gestellt. Heutzutage gilt das, was auf den Bildschirmen steht, und darüber wissen die Kinder mehr, manchmal viel mehr als die Erwachsenen. Die digitale Welt verändert nicht nur diese Hierarchie des Wissens. Die Kinder sind auch einer Überflutung ausgesetzt, gegenüber der Eltern und Lehrkräfte fast machtlos sind. Die Reize überschlagen sich, alles wird von Informationslärm überschwemmt. Was nicht auf den Bildschirmen steht, existiert nicht.

Die Strom-Metapher

Diese Schwierigkeiten von Eltern und Lehrer:innen können in einer einzigen Metapher vereint werden: Eltern und Lehrkräfte sind viel schwächer geworden, gerade wenn die Kinder vom mächtigen Strom der Reize fortgesaugt werden. Sie sind diesem Strom gegenüber machtlos. Warum hilft es, sich ein solches Bild vor Augen zu halten? Es hilft, weil es die Erfahrung der Überrumpelung, der Verblüffung sichtbar macht. Unsere Schwierigkeiten, die Sorgen und der Frust ergeben so betrachtet einen Sinn. Zudem ist es hilfreich, weil es klarmacht, dass Eltern und Lehrkräfte im selben Boot sitzen, und weil es verdeutlicht, was Eltern und Lehrende brauchen, um in einer Situation wie dieser erfolgreich sein zu können: Sie müssen sich in ihrer Rolle, ihrer Pflicht und ihrer Umgebung verankern, damit sie imstande sind, das Kind vor dem übermannenden Strom zu schützen. Wir brauchen vielleicht mehr als je zuvor mutige Eltern und Lehrkräfte, die es wagen, sich in die Strömung zu stellen. Das schaffen sie nur durch Präsenz, Selbstkontrolle, ein unterstützendes Netzwerk und Beharrlichkeit. Wir brauchen außerdem Eltern, die den Kindern sagen und zeigen können:

- »Wir sind da!«
- »Wir bleiben da!«
- »Wir sind nicht allein!«
- »Wir geben nicht klein bei!«
- »Wir geben dich nicht auf!«

Die Ankerfunktion

Aber wie kann dieser Mut entstehen, wenn Eltern und Lehrer:innen sich so entmachtet und eingeschüchtert fühlen? Das Ziel des Models der *Neuen Autorität* ist genau dieses: Eltern und Lehrer:innen zu helfen, sich zu verankern, damit sie dem Kind helfen und sich im Zweifelsfalle bremsend gegen den reißenden Strom stellen können.

Was sind die »Haken« dieses Ankers? Es sind die Grundsätze, die Eltern und Lehrer:innen ermöglichen, Fuß zu fassen und den Mut zum entschiedenen Handeln wiederzugewinnen:

- Präsenz
- Selbstkontrolle
- Beharrlichkeit
- Vernetzung.

Was wir die *Neue Autorität* nennen, ist eine Autorität, die die beschriebene Ankerfunktion erfüllt. Dieses neue Bild von Autorität haben wir nicht einfach aus dem Nichts erschaffen. Ein erster Ansatz war der Blick auf die Merkmale der alten Autorität, welche wir nicht mehr vertreten, da sie den heutigen Werten und Erziehungszielen nicht entspricht. Diese zeichnet sich aus durch:

- Distanz
- Kontrolle und Gehorsam
- Hierarchie und Immunität von Kritik
- unmittelbare Bestrafung.

Mit dem Wissen um das, was wir nicht mehr wollten, hatten wir schon eine erste Idee davon, was wir stattdessen wollen könnten. Dazu kommt, dass wir alle Bilder von Autoritätsfiguren aus unserer Vergangenheit im Gedächtnis haben – Bilder von Personen, die wir respektiert haben. Menschen, die zwar in einer Autoritätsstellung waren, dabei aber nicht die alte Autorität verkörperten, sondern etwas anderes. Wir mussten die *Neue Autorität* also nicht erst erfinden, sondern sie nur charakterisieren und benennen.

Wir wissen also, dass wir eine Autorität, die auf Distanz basiert, nicht (mehr) wollen. Doch gibt es dazu tatsächlich eine Alternative? Können wir Autorität haben, ohne Distanz zu wahren? Wenn ich (m)einem Kind nahestehe, verliere ich meine Autorität dann nicht automatisch? Nein. Wir wissen inzwischen gut, dass Autorität auch auf Präsenz basieren kann. Das war unsere erste Idee. Was wir aber zunächst nicht wussten, war, dass wir durch diese Präsenz sogar Autorität erschaffen. Es geht um eine liebende Präsenz, aber auch um eine entschlossene. Wenn wir dem Kind mit Entschlossenheit sagen und zeigen »Wir sind da und wir bleiben da. Wir sind deine Eltern und wir sind nicht bereit, dich aufzugeben«, dann bilden wir schon dadurch unsere Autorität. In der Methode der *Neuen Autorität* haben wir unzählige Wege herausgearbeitet, wie sich diese Präsenz aufzeigen und aufrechterhalten lässt.

Was wir weiterhin nicht wollen, ist eine Autorität, die auf Kontrolle und Gehorsam basiert. Aber sind Gehorsam und Kontrolle nicht Synonyme für Autorität? Wenn wir noch einmal an die bedeutsamen Autoritätspersonen in unserem Leben denken, zeigten diese zumeist Selbstkontrolle. Sie flippten nicht aus, sie waren nicht impulsiv. Sie hatten sich im Griff. Und nicht nur das: Sie hatten auch Selbstkontrolle im Sinne von Pflichtbewusstsein. Diese Personen sagen: »Das ist meine Pflicht, das ist meine Rolle, und ich werde sie erfüllen.« Selbstkontrolle lässt sich also auch so definieren. Wir alle haben zum Beispiel als Kinder eher eine Lehrerin respektiert, die die erteilten Hausaufgaben auch kontrolliert hat, als eine Lehrerin, der es egal war, ob wir die Aufgaben machten oder nicht. Es ist Selbstkontrolle, als Lehrer:in zu sagen: »Ja, ich habe diese Hausaufgaben aufgegeben, es ist meine Pflicht, diese nun auch zu kontrollieren.« Es ist eine positive Selbstkontrolle, die eigene Rolle mit den dazugehörigen Pflichten zu erfüllen. Selbstkontrolle zeigt sich also in der Fähigkeit, nicht automatisch und impulsiv zu reagieren, sondern

- die Reaktion zu verschieben (»Schmiede das Eisen, wenn es kalt ist«)
- kontrollierende Botschaften zu vermeiden (»Ich habe keine Kontrolle über das Kind, nur über mich selbst«)
- mit Fehlern umzugehen (»Fehler sind unvermeidlich, aber korrigierbar«), und
- zugunsten einer geduldigen und beharrlichen Stellungnahme auf unmittelbare Vergeltung zu verzichten (»Das Ziel ist nicht zu gewinnen, sondern zu beharren«) – diese Beharrlichkeit sorgt für eine wahre und verlässliche Stärke.

Wir wollen auch nicht, dass Autorität rein hierarchisch begründet wird. Wenn wir uns fragen, woher eine Autoritätsperson ihre Autorität hat, werden wir feststellen, dass die Person ihre Autorität nicht aus sich selbst bezieht, sondern aus der Unterstützung, Legitimierung und

Autorisierung von außen, von der Umgebung. Wenn eine Person keine solche Legitimierung hat, wird sie an Autorität einbüßen. Wir sagen also: Autorisierung ist Unterstützung. Die *Neue Autorität* ist eigentlich keine Ich-Sache, sie ist eine Wir-Sache. Wir brauchen die Bereitschaft, nicht mehr allein zu handeln, nicht mehr dem Kind zu sagen »Du wirst machen, was ich sage«, sondern »Wir werden machen, was wir sagen«. Der Übergang vom »Ich« zum »Wir« ist eins der wichtigsten Elemente der *Neuen Autorität* bzw. der Ankerfunktion. Wenn man über ein »Wir« verfügt, bekommt man außerdem breitere Schultern. Eine Autorität mit breiteren Schultern ist legitimer als eine Autorität, die nur »ich« sagt. Autorität lässt sich also durch Unterstützung, Legitimierung und Transparenz verstärken. Nicht nur ich sage etwas, sondern auch die anderen wissen Bescheid. In Familien arbeiten wir immer mit einem Unterstützernetzwerk, welches den Eltern hilft, die Grundsätze der *Neuen Autorität* umzusetzen. Die Eltern werden dadurch in die Lage versetzt, viel öfter »wir« zu sagen: »Ich und dein Vater«, »Wir und die Großeltern«, »Wir in der Großfamilie«, »Ich und deine Lehrerin«. Alle diese »Wirs« ermöglichen breitere Schultern, womit wir keine Willkür der steilen Hierarchien mehr haben. Dadurch, dass wir die Unterstützer:innen mit ins Boot holen, schaffen wir Transparenz. Das, was ich zu Hause oder in der Schulklasse mache, ist dann kein Geheimnis mehr. Das ist ein sehr wichtiger Teil der Legitimation.

Diese Grundsätze und die Idee der Ankerfunktion werden in jedem Schritt und in jeder Maßnahme der *Neuen Autorität* verkörpert. Deshalb sind diese Schritte nicht einfach »technische« Maßnahmen, sondern Teil eines Ganzen, einer Haltung und einer kontinuierlichen Botschaft, die Eltern und Lehrkräfte zu einem Anker wachsen lassen, der dem Sog der unzähligen Versuchungen und Gefahren im Leben des Kindes standhalten kann.

Beispiel von Mia und Joe

In der folgenden Fallvignette wird dargestellt, wie sich die verschiedenen Aspekte des Verankerungsbildes in der therapeutischen Arbeit mit den Eltern verwenden lassen.

> Mia und Joe, Eltern des 10-jährigen Sid, kamen wegen einer diagnostizierten Zwangsstörung und dem ADHS ihres Sohnes zur Behandlung in unsere Klinik.

In der ersten Sitzung beschrieben sie eine Reihe von Regeln, die Sid der Familie aufgrund seiner Ekelgefühle und seiner Ängste vor Verunreinigungen auferlegt hat. Viele davon richteten sich gegen seine 5-jährige Schwester Cindy (z. B. durfte Cindy nicht in der Küche sein, wenn Sid dort war, sie durfte auch nicht mit ihm zusammen am Tisch sitzen, und wenn Sid morgens sein Zimmer verließ, rief er seine Mutter an, um sicherzugehen, dass er Cindy nicht sieht, bevor er zur Schule geht). Außerdem mussten sich alle Familienmitglieder bei Mahlzeiten sowie beim Betreten und Verlassen des Hauses an bestimmte Regeln halten, wie z. B. an das 16-malige Abstreifen der Füße vor dem Reingehen. Diese Forderungen wurden durch Schreien, Wutanfälle und extreme Drohungen durchgesetzt. Sid zog auch an den Haaren seiner Mutter, schrie ihr ins Ohr und hielt sie und Joe vom Schlafen ab. Er hatte bereits eine Sitzung bei einem Therapeuten, weigerte sich aber, jemals wieder da hinzugehen. Er lehnte es hartnäckig ab, einen Psychiater aufzusuchen oder Medikamente zu nehmen. Sid war sehr unruhig, und Joe verglich das Zusammenleben mit ihm damit, als wäre man einem Tornado ausgeliefert.

Der Therapeut erklärte den Eltern, das Ziel der Behandlung wäre, als Eltern wieder Gewicht und Stabilität zu erlangen, damit sie als Anker dienen können, der Sid und der ganzen Familie hilft, nicht von Sids Problemen mitgerissen zu werden. Sie würden damit beginnen, sich in ein paar grundlegenden Familienregeln zu verankern und sich mit einer Reihe von Unterstützern zu verbinden. Die Eltern beschlossen, sich zunächst darauf zu konzentrieren, dass sie sich gegen Sids Gewalt und Drohungen und seine demütigenden Regeln in Bezug auf Cindy wehren. Der Therapeut half ihnen, eine schriftliche Ankündigung vorzubereiten, in der sie erklärten, dass sie diese Verhaltensweisen nicht länger hinnehmen und ihr Problem nicht mehr geheim halten, sondern sich Hilfe von jedem holen, der ihnen helfen kann. Als Sid versuchte, mit ihnen zu diskutieren, und ihnen drohte, sagten sie: »Wir können dich und Cindy nicht kontrollieren, aber wir können uns selbst kontrollieren. Wir sind eure Eltern und werden eure Eltern bleiben! Du kannst uns nicht abweisen oder dich von uns scheiden lassen!« Sie standen auf, um den Raum zu verlassen, woraufhin Sid ihre schriftliche Ankündigung in Fetzen riss. Sie sagten: »Ihr seid nicht verpflichtet zuzustimmen! Dies sind unsere Entscheidungen, und wir hielten es nur für fair, sie euch mitzuteilen. Es ist unser Job, uns an unsere Entscheidungen zu halten!« Mithilfe des Therapeuten bauten sie eine Unterstützungsgruppe von zehn Personen auf, zu denen Großeltern, Onkel und eine Reihe enger Freunde gehörten. Die Unterstützer wurden über die Situation informiert und gebeten, sich mit Sid in Verbindung zu setzen, wenn die Eltern ihnen von gewalttätigen oder demütigenden Vorkommnissen erzählten.

Am nächsten Tag saß Cindy entgegen aller bisherigen Regeln beim Frühstück mit am Tisch. Sid versuchte, sie anzugreifen, aber Mia ging dazwischen und bekam seine Schläge ab. Sie verhinderte, dass die Situation eskalierte, und sagte zu Sid: »Deine Gewalttätigkeit ist inakzeptabel! Ich werde mit deinem Vater darüber nachdenken und entscheiden, wie wir reagieren!« Im Laufe des Tages riefen zwei Onkel an, und Sids Großvater schickte ihm eine E-Mail aus Moskau. Sie sagten Sid, dass sie sich um ihn sorgten, sie jedoch glaubten, dass er seine Schwierigkeiten überwinden würde – dazu müsse aber die Gewalt aufhören. Sid war wütend auf seine Eltern und beschuldigte sie, sein Geheimnis verraten zu haben. Sie sagten: »Wir werden nicht mehr allein bleiben! Wir sind mit der Familie verbunden, und das macht uns stärker!« Als die Eltern nicht da waren, ging Sid daraufhin in ihr Zimmer, zerfetzte die Bettdecke und schnitt zwei Kleider seiner Mutter und einen Anzug seines Vaters in kleine Stücke. Außerdem zerriss er Cindys geliebte Puppe. Die Eltern dokumentierten seine Zerstörung und schickten die Fotos an die Unterstützergruppe. Sie kamen in sein Zimmer und führten ein »Sit-in« durch, indem sie ihm sagten: »Wir werden hier sitzen, bis du eine Lösung gefunden hast, damit so etwas nie wieder passiert.« Sie blieben 45 Minuten lang still sitzen und weigerten sich, auf seine Provokationen zu reagieren.

Der Therapeut erklärte ihnen, dass das Sit-in eine wichtige Manifestation der Präsenz sei. Das Sit-in würde Sid nicht direkt verändern, aber es würde sie verändern, indem es ihrer Elternschaft Gewicht verleiht. Am Ende des Sit-ins sagten sie ihm: »Wir haben immer noch keine Lösung gefunden, also werden wir unsere Reaktion abwägen und dir später berichten, wie wir uns entschieden haben!« Mia, die bereits ein gutes Verständnis für die Ankerfunktion hatte, sagte: »Das ist gut! Statt spontan zu reagieren, lassen wir Sid länger auf eine Reaktion warten. Wir bauen uns einen Schutz gegen den Wirbelwind!« Drei Tage später kamen sie zu Sid und sagten ihm: »Wir haben beschlossen, dass du für den Schaden mit aufkommen musst. Du bist ein Kind und musst nicht alles bezahlen, aber eine Teilzahlung ist das Mindeste, das du aufbringen solltest. Willst du allein einen Vorschlag machen, oder ziehst du es vor, dass wir entscheiden, wie hoch die Bezahlung sein soll?« Sid lehnte es ab, einen Vorschlag zu machen.

Die Eltern sagten ihm, sie hätten Zeit und würden ihre Entscheidung noch ein paar Tage hinauszögern. Am nächsten Tag rief der Großvater Sid an: »Sei kein Narr! Wenn du einen Vorschlag machst, selbst einen bescheidenen, werden deine Eltern ihn annehmen, und wir alle sind zufrieden! Wenn du es nicht tust, lassen sie dich tief in die Tasche greifen und verkaufen vielleicht sogar deinen Computer.« Dieser Appell an das Eigeninteresse zeigte Wirkung. Am nächsten Tag bot Sid an, einen Monat lang jede Woche das Familienauto zu waschen. Die Eltern stimmten dem Vorschlag zu. Ein anderer Unterstützer schickte Sid eine E-Mail, in der er ihm mitteilte, dass er schlau gewesen sei und es geschafft habe, sich aus einer schwierigen Lage zu befreien. Von da an aß Cindy gemeinsam mit der Familie und hatte keine Bewegungseinschränkungen mehr. Sid weigerte sich anfangs noch, mit ihnen zu essen, aber wenigstens wurde Cindy nicht mehr ausgegrenzt.

Das nächste Ziel war, die Regeln zu reduzieren, die mit Sids Zwangsstörung verbunden waren. Sid weinte bitterlich, als sie ihm mitteilten, dass sie viele der unangemessenen Regeln einstellen würden. Mia bekam durch Sids Reaktion Angst und erwog, einen Rückzieher zu machen. Der Vater schickte eine E-Mail an den Therapeuten, der mit ihnen ein zusätzliches Treffen vereinbarte, um Mia zu der Einsicht zu verhelfen, zu verstehen, dass sich die Angst vervielfachen wird, wenn sie sich von Sids Angst mitreißen lässt. Wenn sie sich aber gegen den Sog der Angst stemmt, bietet sie ihm einen Anker , der ihn vor seinen Ängsten bewahrt.

Daraufhin wurde Sid von seiner Großmutter besucht, die ihn einlud, für ein paar Tage in ihrem Haus zu bleiben. Er willigte ein, obwohl im Haus der Großeltern keine der zwanghaften Regeln eingehalten wurde. Nach ein paar Tagen kamen die Eltern und Cindy zu Besuch und aßen gemeinsam mit den Großeltern. Sid nahm nur kurz an der Mahlzeit teil. Am nächsten Tag brachten ihn die Großeltern nach Hause und blieben mit ihm im Haus der Eltern, während Joe und Mia über das Wochenende wegfuhren. Cindy blieb ebenfalls zu Hause, und während die Großeltern da waren, begann Sid, mit seiner Schwester an einem Tisch zu sitzen. Die Großeltern dienten also als Übergangsankerpunkt, der es Sid ermöglichte, Ziele zu erreichen, die er in Anwesenheit seiner Eltern nur schwer hätte erreichen können. Als sie zurückkehrten, gab Sid allmählich nach und stimmte zu, bei den Mahlzeiten mit bei der Familie zu sitzen.

Die Behandlung wurde für einige weitere Wochen fortgesetzt. Sid hatte immer noch Rituale, die er zwanghaft durchführen musste, aber er bezog seine Familie nicht mehr mit ein. Die Gewalt und Demütigungen hörten auf. Drei Jahre später erlebte Sid eine Verschlimmerung seiner Ängste, aber dieses Mal willigte er ein, sich einer kognitiven Verhaltenstherapie (KVT) zu unterziehen. Die Behandlung verlief langsam, aber es wurden Schritt für Schritt weitere Fortschritte erzielt.

1.2 Dirk Rohr im Gespräch mit Haim Omer

Dirk Rohr (DR) Lieber Haim, ich begrüße dich ganz herzlich zu unserem Gespräch. Viele werden dich und deine Bücher bereits kennen. Insofern müssen wir heute besonders darauf achten, dass wir eine gute Mischung für diejenigen hinbekommen, die deine Konzepte gut kennen, und für diejenigen, die dies noch nicht tun. Also, wenn du einfach mal starten magst.

Haim Omer (HO) Okay, am besten, ich gebe zuerst eine kurze Einführung in meine Hauptkonzepte. Unser Modell ist unter zwei Namen bekannt: *Gewaltloser Widerstand* und *Neue Autorität*. Dabei gibt es eine Entwicklung: Ich habe mit dem *Gewaltlosen Widerstand* begonnen und entwickelte mich danach zum Konzept der *Neuen Autorität* weiter. Der *Gewaltlose Widerstand* war ein Versuch, elterliche Präsenz mit Eskalationsprävention zu verbinden. Die erste Idee, die wir hatten, war die Idee, dass sich in vielen problematischen Situationen die elterliche Präsenz verringert. Die Eltern werden geschwächt, manchmal ausgelöscht, ignoriert. Dem muss entgegengewirkt werden, also haben wir mit der Idee der elterlichen Präsenz begonnen.

Doch was ist elterliche Präsenz? Es ist die Erfahrung, die das Kind macht, wenn die Eltern sich so verhalten, dass sie die Botschaft übermitteln: »Ich bin dein Vater/deine Mutter und ich bin da, ich bleibe da. Du kannst mich nicht feuern. Du kannst dich von mir nicht scheiden lassen. Ich bin da und ich bleibe da.« Wenn die Eltern so handeln, dann bekommt das Kind das Gefühl, dass es richtige Eltern sind und nicht nur Maschinen oder Dienstleister. Dass die Eltern Personen mit ihren eigenen Rollen, Rechten und Gefühlen sind. Wir begannen, mit diesem Konzept zu arbeiten, aber es stellte sich heraus, dass einige Eltern das Konzept auf eine sehr militante Weise interpretierten. Das konnte natürlich zu Eskalationen führen, und das wollten wir verhindern.

In diesem Stadium machte ich eine tiefere Bekanntschaft mit der Doktrin des *Gewaltlosen Widerstands* nach Gandhi und Martin Luther King. Es gibt auch ein sehr wichtiges Buch von Gene Sharp, dem größten Historiker und Theoretiker des *Gewaltlosen Widerstands*. Dieses Buch, *Waging nonviolent struggle*, ist eigentlich *das* Hauptwerk, in dem alles zusammengefasst, geordnet wird und in dem auch praktische Hinweise und Tipps beschrieben werden. Diese Bekanntschaft mit dem *Gewaltlosen Widerstand* machte mir klar, dass der *Gewaltlose Widerstand* elterliche Präsenz und Prävention von Eskalation miteinander in Verbindung bringt, denn er funktioniert durch die Präsenz der Aktivist:innen: Man bewirft die Widersacher:innen nicht mit Steinen oder Kugeln, die Wirksamkeit erfolgt allein durch die Präsenz – persönliche, emotionale, soziale und moralische – der Aktivist:innen. Dazu kommt, dass diese Menschen nicht nur versuchten, absolut gewaltfrei zu handeln, sondern auch auf eine Weise, die einer Eskalation vorbeugt. Sie sagten: »Wenn wir unsere Widersacher:innen beleidigen und attackieren, dann werden sie sich gegen uns zusammentun. Aber wenn wir ganz ohne Eskalation, nicht provozierend und nicht beleidigend dastehen, dann wird es eine Teilung geben und mehr und mehr Leute auf der Seite anzutreffen sein, die sagt: ›Na ja, diese Leute haben recht, sie sind die Zivilisierten und wir die Barbaren.‹«

Das ist die Arbeitsweise des *Gewaltlosen Widerstands*. Wir haben zugleich Präsenz und Eskalationsprävention – das ist genau, was wir wollten. Und wie können wir nun die Präsenz der Eltern stärken und zugleich der Eskalation vorbeugen? Hier sei gesagt, dass mir das sehr detaillierte Manual von Gene Sharp ermöglicht hat, die ganze Doktrin und auch die ganze Weisheit, das ganze Wissen des *Gewaltlosen Widerstands* auf den Familienkontext zu adaptieren. Das war eine lange Arbeit! Ein Jahr habe ich für die Übertragung der soziopolitischen Welt auf den Familienkontext – und später auch auf den Schulkontext und weitere Kontexte – gebraucht.

Das war also der *Gewaltlose Widerstand*. 2004 haben wir unser erstes Buch dazu veröffentlicht – auf Deutsch heißt es *Autorität durch Beziehung*, auf Englisch *Nonviolent Resistance – a new approach to violent and self-destructive children*. Dieses Buch ist ebenfalls ein Manual, ein Handbuch, eigentlich ein Interventionsmanual. Das heißt, wenn die Situation schon ziemlich schwierig ist, dann intervenieren wir auf diese Weise. Das Modell hat sich dann auch zu Präventionsansätzen weiterentwickelt. Wenn wir vorbeugen wollen, können wir allerdings nicht von Widerstand sprechen. Widerstand kann man nur leisten, wenn schon etwas vorgefallen ist. Prävention ist etwas anderes. Damit sich das Modell weiterentwickelt und auch Prävention ermöglicht, müssen wir ein neues Konzept haben. Das Hauptkonzept wurde dann das Konzept der *Neuen Autorität*.

Warum »neue« Autorität? Es sollte die Gegenhaltung zur vorherigen, zur »alten« Autorität werden, die wir – als Gesellschaft, als Kultur, als Eltern und als Fachleute – nicht mehr akzeptieren wollten. Warum? Weil diese alte Autorität auf Distanz, auf Kontrolle (man muss das Kind kontrollieren, forcieren, ganz genau bestimmen, was es tut) und auf einer sehr steilen Hierarchie beruht. Und das wollten wir alle nicht mehr haben. Aber dann ist zunächst ein Vakuum entstanden: Das Modell der alten Autorität wurde verworfen, eine Zeit lang glaubte man plötzlich, man bräuchte gar keine Autorität mehr, um Kinder zu erziehen. Im Gegenteil, die Autorität sei das Problem und nicht die Lösung. Allerdings hat sich schnell herausgestellt, dass man doch Autorität braucht. Die Idee der vollständig freien Erziehung war fehlgeschlagen.

Es gab viel Forschung, die bewiesen hat: Man braucht Autorität. Aber was für eine? Die alte Autorität haben wir zurückgewiesen, aber es war auch klar, ohne Autorität geht es nicht. Wir brauchten also eine neue Charakterisierung, eine neue Beschreibung der Autorität, die für unsere Generation, für unsere Kultur akzeptabel, richtig und gut ist. Das war die Idee: In dem Buch *Autorität durch Beziehung* haben wir versucht, die Eigenschaften einer solchen Autorität zu definieren. Ich habe diese *Neue Autorität* allerdings nicht aus dem Nichts heraus beschrieben: Wir alle kennen oder kannten Leute, die wir sehr respektieren, die Autorität haben oder hatten. Aber nicht die alte Autorität. Es war notwendig, die Art der Autorität, die diese Leute ausstrahlen, zu charakterisieren und gegenüber der alten Autorität, die auf Distanz, Kontrolle und Hierarchie basiert, abzugrenzen. Daraufhin skizzierten wir die *Neue Autorität*, die auf Präsenz, Selbstkontrolle, Unterstützung und Legitimation basiert. Diese Art von Autorität ist auch zur Prävention imstande. Eltern, die ihre Autorität vom Tag der Geburt an beweisen, werden besser in der Lage sein, allerlei problematischen Situationen vorzubeugen. Zusätzlich taugt die *Neue Autorität* auch zur Intervention. Das Konzept ist dabei ähnlich zum *Gewaltlosen Widerstand*.

Das waren einige Worte zu meinen Konzepten.

DR Herzlichen Dank, Haim. Du hast ja schon ein bisschen angedeutet, dass das Konzept der *Neuen Autorität* sowohl etwas von einer (Grund-) Haltung, aber auch von einem Modell und einer Methode hat. Würdest du das so sagen?

HO Ja. Es ist ein Konzept, eine Beschreibung der positiven, für uns richtigen Autorität und ihrer Fundamente. Das Konzept beruht auf diesem Kontrast: Präsenz versus Distanz, Selbstkontrolle versus Kontrolle, Unterstützung und breite Legitimierung versus steile Hierarchie. Schon in *Autorität durch Beziehung* und in *Neue Autorität in Familie, Schule und Gemeinde* haben wir versucht, nicht nur das Konzept zu beschreiben, sondern auch die Frage zu beantworten, wie Eltern oder Lehrer:innen dieses Konzept realisieren, wie sie diese Art von Autorität entwickeln können. Wie kann man Präsenz ohne Eskalation zeigen? Wie kann man Selbstkontrolle entwickeln? Wie kann man Unterstützung bekommen und breitere Schultern entwickeln? Das sind die praktischen Seiten der Autorität. Die *Neue Autorität* ist also Konzept, Haltung und Praxis zugleich.

Zusätzlich ist die *Neue Autorität* aber auch ein Beratungsansatz. Wir haben, wenn es um die Beratung von Familien oder Therapie von Kindern und Jugendlichen geht, zur Hilfestellung genug Literatur für Berater:innen, Therapeut:innen, Sozialarbeiter:innen, Coaches und so weiter. Aber es gibt auch eine engere, exaktere Formulierung des Beratungsansatzes in unseren Therapiemanualen. Was ist solch ein Therapiemanual? Es besteht aus 40 Anweisungen, wie man das Konzept der *Neuen Autorität* Schritt für Schritt umsetzt. In einer sehr exakten Form finden sich hier die Prinzipien der *Neuen Autorität* und des *Gewaltlosen Widerstands* wieder. Wir haben ein sehr detailliertes Therapiemanual für ADHS, für *Wachsame Sorge* für straffällige Jugendliche, für Computer- oder Bildschirmmissbrauch. Es existieren schon mehr als zehn spezifische Therapiemanuale, die wir alle für die Forschung brauchen. Dort genügt es nicht, ein Buch wie *Neue Autorität* zu schreiben, man braucht etwas Spezifischeres.

DR Erlaube mir eine (kritische) Nachfrage, Haim. Ist das nicht sehr normativ? So, als ob es klar sei, dass der Berater oder die Beraterin weiß, was gut ist? Oder wie würdest du das sagen?

HO Ich würde sagen, wir machen mit den Ideen dieses Konzepts einen »unverschämten« Vorschlag. Wir schlagen das vor, ohne uns zu schämen. Ja, wir glauben, dass das Konzept der *Neuen Autorität* gut ist. Die Therapeut:innen und Berater:innen verwenden daraus genau das, was ihnen gefällt und hilfreich erscheint. Ganz ohne Orthodoxie. Die Ideen sind da, und jeder Therapeut/jede Therapeutin hat einen eigenen Stil und wird eine andere Idee der *Neuen Autorität* gebrauchen können. Und was ihnen nicht gefällt, wird weggelassen – so einfach ist das.

Wenn wir aber forschen wollen, ist das anders, dann muss alles genau definiert werden. Lass mich dazu kurz ein Beispiel für Unterschiede in der Anwendung nennen: In Deutschland macht man viel weniger Sit-ins als in Israel. Warum? Weil ein Sit-in ein Wagnis ist und Mut erfordert. In Israel haben wir vielleicht mehr Struktur, die Therapeut:innen fühlen sich durch ihre Teams stärker unterstützt. Deutschland ist sehr groß, und es gibt überall vereinzelte Therapeut:innen, die weniger gut vernetzt sind. Bei Schritten, die mehr Courage benötigen, sagt man in Deutschland dann sehr oft: »Für mich ist das eher eine Haltung und keine Praxis.« Okay, wir akzeptieren diese Einstellung, aber wir meinen, dass es gerade Haltung *und* Praxis gleichzeitig ist. Und wir glauben, dass es keine sehr gute Idee ist zu sagen, dass es nur eine Haltung ist. Ja, natürlich, es ist eine Haltung, die aber in Form von mehreren Schritten daherkommt. Es gibt aber wie gesagt nichts Dogmatisches: Beratende können ihre Haltung ändern und versuchen, die Haltung der Eltern auch zu verändern. Und das ist gut genug. Sie nehmen von meiner Idee einfach das, was gut für sie ist.

Wir glauben aber, dass es am besten ist, wenn die Eltern auch einen gewissen Mut entwickeln. Dazu habe ich ein neues Buch geschrieben, das es noch nicht auf Deutsch gibt. Es ist mein aktuellstes Buch für Eltern und gleichzeitig die beste Zusammenfassung des gesamten Modells. Es heißt: *Courageous parents*, auf Deutsch »Mutige Eltern«. Wir glauben, dass Eltern in der Erziehung ihrer Kinder mehr Mut brauchen. Wenn wir aber bei der *Neuen Autorität* nur von einer Haltung sprechen, dann ist das eine Aufweichung des Konzepts. Und wenn die Eltern nicht den Mut haben, ein Sit-in zu machen, dann werden sie auch nicht den Mut für eine Telefonrunde haben. Gerade die Telefonrunde ist aber ein Mittel, ein Schritt, der sehr oft absolut notwendig ist. Wie soll man mit einem Kind umgehen, das sich in Risikosituationen bringt und verschwindet, das seinen wahren Aufenthaltsort nicht nennt, wenn man nicht den Mut aufbringt, eine Telefonrunde mit der Unterstützergruppe zu starten? Deshalb pflege ich zu sagen, dass sich Therapeut:innen mit unserer Methode ihre Sporen verdienen, wenn sie drei Sit-ins, drei Telefonrunden und drei Sitzungen mit Unterstützer:innen gemacht haben. Dann wissen wir, dass dieser Therapeut/diese Therapeutin schon genug Mut hat, diese Mittel zu nutzen. Und wenn er oder sie dann weiterhin glaubt, dass *Neue Autorität* nur eine Haltung ist, dann ist das in Ordnung, denn sie haben ja bereits bewiesen, dass sie den Mut haben. Du siehst, der Mut ist mir sehr wichtig.

DR Ja, sehr schön. Eigentlich müssten wir noch viel tiefer in Sit-ins und Telefonrunden einsteigen, ich glaube, das würde viele hier interessieren. Haim, deine Formulierung »unverschämter Vorschlag« finde ich großartig, das hat etwas Spielerisches. Du hast aber auch beschrieben, dass die *Neue Autorität* ein Erziehungsmodell und ein konkreter Beratungsansatz mit Manualen ist. Gibt es eine Idee, wie das gelehrt werden kann?

HO Die Ideen sind für alle da. Das heißt, alle Therapeut:innen haben ihren eigenen Stil und eigenen Weg, Therapie und Beratung zu machen. Sie lernen aus den Büchern und aus den Kursen. Sie sind aber auch nicht daran interessiert, ihren Weg total zu verändern, was verständlich ist. Die bisherigen Erfahrungen und Erkenntnisse müssen selbstverständlich nicht verworfen werden. Man benutzt die Bücher oder den (Online-)Kurs und bekommt eine gute Idee davon, wie die Konzepte der *Neuen Autorität* in der Praxis umgesetzt werden können. Dann kann man sich davon etwas heraussuchen und ausprobieren, vielleicht sogar eine Ankündigung. Eine Ankündigung ist ein Mittel, das auch in Deutschland sehr populär ist. Er/Sie macht weiterhin seine eigene Art der Therapie, lernt aber nebenbei, wie man eine Ankündigung macht und wie man die Eltern coacht, eine gute Ankündigung zu machen, und übernimmt sie damit als gute Idee der *Neuen Autorität*.

Es ist absolut in Ordnung für mich, wenn die Ideen aus dem Modell ausgeklinkt werden. Es gibt auch Therapeut:innen, die sich in das Modell vertiefen möchten und mehr als nur einzelne Techniken oder Ideen lernen wollen. Diese Personen würden dann einen ganzen Kurs machen und vielleicht auch daran interessiert sein, eine Supervisionsgruppe zu gründen, eventuell sogar eine Peer-Supervision. Es ist eine gute Idee, vier bis fünf Leute als Team zusammenzubringen. Wenn darüber hinaus noch Interesse an der Forschung besteht, werden sie vielleicht auch mit der Universität in Kontakt treten wollen und die Fragen der Forschung verfolgen. Warum Forschung so unglaublich wichtig ist, werde ich später noch erklären. Du siehst, es gibt viele Möglichkeiten. Es kann sogar sein, dass man aus einem Gespräch von anderthalb Stunden (wie z. B. das Interview heute) eine Idee mitnimmt, die man schon morgen als Berater:in oder als Elternteil umsetzen möchte. Zum Beispiel die Idee der *Wachsamen Sorge*.

Wachsame Sorge ist die praktische Haltung von Eltern, die sagen: »Ja, alles, was mit meinem Kind passiert, ist wichtig für mich. Ich muss den Finger an seinem Puls haben. Ich muss nicht in alles eindringen, nicht alles verstehen, aber Bescheid wissen sollte ich und meinem Kind nahestehen. Ich interessiere mich für alles.« Viele Studien legen bereits nahe, dass die Idee der *Wachsamen Sorge* vielleicht der beste Weg ist, um dem Risikoverhalten von Kindern und Jugendlichen vorzubeugen und es zu verringern. Therapeut:innen und Berater:innen könnten sich sagen: »Das ist eine gute Idee der *Neuen Autorität*. Ich werde den Eltern, mit denen ich arbeite, sagen, wie wichtig es ist, dass sie sich selbst bewusst machen, dass es unumgänglich ist, über das Kind Bescheid zu wissen und ihm näherzustehen.« Man muss dabei nicht tief in die Privatsphäre eindringen, und es hat auch nichts mit Spionieren zu tun. Diese Idee könntet ihr schon morgen in euren Kontakten mit Eltern anwenden und ihnen sagen: »Wir müssen wachsam sein. Es ist eine mentale Präsenz, wir müssen immer im Kopf des Kindes präsent sein, es mehr begleiten.« Diese Idee könnt ihr schon einmal mitnehmen, und wenn ihr mehr dazu lernen wollt, dann gibt es das Buch *Wachsame Sorge*, das mein wichtigstes Buch über Risikoprävention ist – also darüber, wie wir unsere Kinder vor Risiko schützen können.

DR Ich danke dir, Haim. Wenn wir schon von den Büchern sprechen, dann frage ich dich jetzt: Ist die *Neue Autorität* nur das, was in den Büchern steht? Ist es nur eine Zusatzqualifikation?

HO Ich glaube, das Konzept ist schon sehr weit gestreut, ziemlich bekannt und taucht in verschiedenen Formen auf. Die Menschen können sagen: »Okay, diese und jene Sache mache ich schon, aber vielleicht kann ich mit den Techniken der *Neuen Autorität* dabei noch etwas effizienter werden.« Ich bin mir sicher, dass diejenigen, die sich mit diesem Konzept identifizieren, schon irgendetwas daraus umsetzen. Sie könnten es jedoch noch klarer und wirkungsvoller machen, wenn sie mehr darüber lernen würden. Und das können sie eigentlich schon sofort machen, sie können Bücher dazu lesen, das Interview anhören oder an einem Kurs teilnehmen. Sie können sich ganz schnell verbessern. Es gibt in dieser Haltung eine Ähnlichkeit zu dem, was Maria Aarts und Ben Furman sagen: »Wir drei sind alle keine Erfinder:innen, wir sind Amplifikatoren.« Das heißt, wir schauen uns an, was die Menschen bereits tun, was Eltern und Berater:innen tun, und wir sagen: »Ja, das hat ein bisschen geholfen. Jetzt kannst du das aber auch noch verbessern und wirksamer gestalten.«

Bei Maria findet sich das sehr stark. Maria spricht sehr viel über diese Amplifikationsarbeit. Die Eltern sagen zum Kind: »Ah, du bist glücklich damit, nicht wahr?« Und Maria sagt dann: »Jaaa, du bist seeehr glücklich!« Das ist eine Amplifikation von etwas, was schon da war. Das ist sehr schön. Es ist keine Erfindung aus dem Nichts.

Bei Ben heißt es, dass die Lösungen in Keimen schon da sind. Er sagt: »Okay, dieses Mal hat es gut geklappt. Jetzt können wir zusammen darüber nachdenken, wie es noch besser werden kann.« Das ist auch Amplifikation. Und bei mir gibt es das auch: Alle Eltern erleben Momente von Autorität. Es gibt keine Eltern, die keine Autorität haben. Wir starten also nie bei null. Ich frage: »Wie haben Sie das gemacht? Vielleicht können wir das stärken. Dann werden Sie auch nicht mehr von schwierigen Situationen überrannt werden.« Diese Idee von Amplifikation ist ein gemeinsamer Nenner unserer drei Theorien.

DR Sehr spannend. Jetzt hast du schon zwei Mal gesagt, dass man auch Kurse machen kann. Das ist genau das, was wir beide in den letzten zwei Wochen bereits besprochen haben, Haim. Wir könnten das jetzt auch schon mal ein bisschen ankündigen: Haim, du entwickelst erstmals eine deutschsprachige, curriculare Weiterbildung aus zehn Online-Modulen und wird diese über das Kölner Institut anbieten. Ich freue mich sehr darauf, weil ich glaube, dass das eine Lücke schließt für diejenigen, die deine Bücher kennen, und sich nun kontinuierlich zwei Monate lang und mit Zertifikatsabschluss dem Thema widmen können. Teilnehmen können Lehrer:innen, Eltern, Berater:innen und Therapeut:innen.

HO Genau, das ist eine Idee, die wir zusammen entwickelt haben. Es wird der erste systematische Kurs sein, den ich anbiete. Bisher gab es Kurse über die *Neue Autorität* nur von anderen Instituten, aber jetzt werde ich selbst alle konzeptuellen und praktischen Elemente der *Neue Autorität* behandeln. Daran arbeiten wir gerade.

DR Genau. Weitere Informationen finden sich auf unserer Website.[2] Aber nun wieder zurück zu unseren Fragen: Wie ist das bei deinem Konzept? Liegt der Fokus auf den Kindern bzw. den Teenagern oder auf den Eltern?

HO Wir arbeiten mit den Eltern. Ben arbeitet sowohl mit den Eltern als auch mit dem Kind. Bei uns sind die Eltern die Klienten. Das Kind kann auch beraten werden, aber unser Ansatz fokussiert auf die Eltern. Dafür haben wir gute Gründe, das werde ich jetzt allerdings nicht vertiefen. Wenn wir über die Eltern sprechen, dann sprechen wir über die Lebensqualität von sowohl Eltern als auch Kind. Wir sagen: Die Familie ist kein Kreis mit dem Kind im Zentrum, sondern sie ist eher eine Ellipse mit zwei Zentren: Eltern und Kindern. Wir sagen den Eltern ganz deutlich: »Euer Leiden, euer Stress, euer Wohlbefinden ist für uns nicht weniger wichtig als das Wohlbefinden des Kindes. Unter anderem deshalb, weil es, wenn es euch nicht besser geht, auch dem Kind nicht besser gehen wird.«

Diese Botschaft mit dieser eindeutigen Betonung geht sehr stark mit unserem Ansatz einher. Ich glaube, das ist einer der wichtigsten Gründe, warum die Drop-out-Rate von Eltern in unseren Projekten die niedrigste in der ganzen Forschungsliteratur ist. Mit Abstand. Wir haben eine Drop-out-Rate von 3–20 %, in der Literatur finden sich für andere Programme im Schnitt zwischen 40 und 60 %. Das ist ein riesiger Unterschied. Ich glaube, dass dieser Unterschied damit zu tun hat, dass wir auch das Wohlergehen der Eltern betonen. Dass die Eltern für uns auch um ihrer selbst willen Klient:innen sind und nicht nur als Werkzeuge, um dem Kind zu helfen.

DR Ich danke dir. Die Tagung heißt ja »Gelingende Kommunikation mit Kindern und Jugendlichen«. Und die Tagungsreihe insgesamt »Gelingende Kommunikation …« Meine Frage ist: Gibt es das überhaupt, »gelingende Kommunikation«, und wie sieht sie aus?

HO Ich werde auch sehr oft danach gefragt, wie der *Gewaltlose Widerstand* sich von der *Gewaltfreien Kommunikation* (nach Marshall Rosenberg) unterscheidet. Diese Unterscheidung ist sehr interessant. Ich würde sagen, dass die Besonderheiten des *Gewaltlosen Widerstands* dort beginnen, wo

2 Verfügbar unter www.koelner-institut.de [7.4.2021].

die *Gewaltfreie Kommunikation* nicht mehr wirksam ist. Was macht man zum Beispiel, wenn ein Kind – obwohl die Eltern oder die Lehrer:innen versuchen, die Beziehung zu ihm durch *Gewaltfreie Kommunikation* zu verbessern – weiterhin gewalttätig bleibt? Was macht man dann?

Ich habe Marshall Rosenberg gelesen und darauf keine Antwort gefunden. Das heißt, was in unserer Methode besonders ist, ist, was wir machen, wenn dieser Punkt erreicht ist. Wenn der Dialog nicht mehr genügt. Manchmal wird der Dialog zum Problem. Wir alle kennen Eltern und Kinder, die unendliche Dialoge führen. Das ist sehr oft nicht nur kontraproduktiv, das ist wirklich schädigend. Es gibt zum Beispiel Kinder, die, solange die Eltern immer weiter reden, sicher sind, dass die Eltern nicht handeln werden. Das ist eine Garantie für sie. Sie wollen die Diskussion ewig weiterführen, weil die Eltern in der Zeit nicht handeln werden. Wir kennen solche Kinder, die absolute Advokat:innen sind. Wir können auch die politische Taktik des Filibusterns. Was ist das? Immer weiter argumentieren und nie zu einer Entscheidung kommen.

Ich würde also sagen, die Besonderheit unserer Methode, der Unterschied zu Methoden der gelingenden Kommunikation, der gewaltfreien Kommunikation, ist, dass wir Ansätze haben, was zu tun ist, wenn die Kommunikation nicht mehr gelingt, nicht mehr hilft. Oder wenn die gewaltfreie Kommunikation nur dazu führt, dass das Kind sich sicher sein kann, dass jetzt gerade nichts passieren wird.

DR Okay. Jetzt habe ich noch einmal eine kritische Frage, als »critical friend«: Das Konzept der *Neuen Autorität* ist ja, obwohl du sagst, dass ihr drei keine Erfinder:innen seid, genau wie die Konzepte von Maria und Ben, geprägt durch dein Charisma, deine Autorität. Wie gelingt da eine Weiterentwicklung? Du hast es vorhin schon kurz angesprochen. Wie stellst du dir eine Weiterentwicklung des Konzeptes vor?

HO Die Weiterentwicklung des Konzeptes? Ich werde in drei Monaten schon 72 Jahre alt. Ich habe viel entwickelt. Jetzt bin ich sehr interessiert an der Verbreitung der Ideen. Ein Feld, an dem wir jetzt sehr intensiv arbeiten, ist die Anwendung der *Neuen Autorität* bei kleinen Kindern – für Kinder von der Geburt bis zum Schulalter. Die *Neue Autorität* und der *Gewaltlose Widerstand* sind besser bekannt in ihrer Anwendung bei Kindern vom Schulalter bis zur Adoleszenz. Wir haben unseren Ansatz auch schon für erwachsene Kinder weiterentwickelt. Diese Kinder sind über 18, vielleicht 20–25 oder auch schon 30, und funktionell abhängig von ihren Eltern. Das heißt, dass sie nicht studieren oder arbeiten, sondern zu Hause bleiben und sich und ihren Eltern Probleme bereiten.

Wir sind auch dabei, ein Buch auf Deutsch und auf Englisch zu veröffentlichen über diese Altersgruppe. Es ist ein Problem, das sich weltweit verbreitet. Es gibt auch neue Begriffe, um dieses Problem zu kategorisieren: Auf

Deutsch sagt man manchmal »Kinder im Hotel Mama« oder auf Italienisch »Bamboconi« (große Kinder), in Australien heißen sie »Känguru-Kinder«, weil das Känguru immer wieder in den Beutel zurück schlüpft. Es gibt auch den Begriff »Boomerang-Kinder«: Die Eltern versuchen, sie herauszuwerfen, aber sie kommen immer wieder zurück. Ich habe zusammen mit anderen Autoren ein Buch dazu geschrieben und auch ein Manual, wir haben auch geforscht. Das ist eine meiner Weiterentwicklungen.

Aktuell schreibe ich regelmäßig in einem Blog auf meiner Website[3] über die Anwendung der Methoden bei sehr jungen Kindern ab dem Babyalter. Was genau sind die Adaptationen der Methode bei dieser Altersgruppe? Das ist mein neues Abenteuer, es macht mir sehr viel Spaß. Wir haben zuletzt über ein interessantes Konzept geschrieben, das »elterliche Burn-out«. Es gibt insbesondere viel Forschung über das »elterliche Burn-out« bei Eltern von kleinen Kindern. Eltern, die total ausgelaugt sind. Etwa zehn Prozent der Eltern von kleinen Kindern zeigen Symptome und leiden darunter. Durch Covid-19 leiden noch etwas mehr Eltern darunter als sonst. Jetzt habe ich gemeinsam mit einer belgischen Kollegin zwei Blogposts geschrieben und einen Fall dargestellt. Das ist ein neues Feld, das wir gerade entwickeln. Darüber habe ich noch nichts veröffentlicht außer diese Posts. Aber ich mache das immer so: Ich beginne im Kleinen, und danach kann man schauen, ob daraus wirklich ein neues Buch entsteht.

DR Okay. Jetzt habe ich noch mal eine etwas theoretische Frage. Die Tagung heißt weiterhin »Gelingende Kommunikation mithilfe von systemisch-humanistischen Ansätzen«. Der Begriff »systemisch« ist in Deutschland populär und sicher den meisten bekannt. »Humanistisch« meine ich im Sinne von Carl Rogers (Personenzentrierter Ansatz) und Fritz Perls (Gestalttherapie). Wo würdest du da die *Neue Autorität* einordnen?

HO Ja, systemisch ist das Konzept bestimmt. Wir beziehen uns immer auf die Beziehungen zwischen dem Kind und den Eltern, dem Kind und der Lehrkraft oder zwischen dem Kind, den Eltern und der Lehrkraft. Das heißt, alle unsere Interventionen sind, obwohl sie die Eltern betreffen, immer systemisch. Das ist der Plan. Ich wurde auch von der Familientherapie beeinflusst. Von Therapeuten wie Salvador Minuchin oder Steve de Shazer mit seiner Lösungsorientierung. Also, die systemische Betonung ist sehr deutlich. »Humanistisch« ist für mich auch eine ethische Sache.

Wenn wir allerdings die Prinzipien von Rogers *Client Centered Therapy* im Detail betrachten, dann würde ich sagen, dass sich dort nicht so viele Überschneidungen finden lassen. Trotzdem glaube ich, dass Rogers Stunde mit Gloria die schönste Therapiestunde ist, die ich je gesehen habe. Das ist unglaublich schön. Ich habe mehrere Jahre als Lehrer an der Uni meinen Student:innen immer wieder dieses Video gezeigt, und wir haben es zu-

3 Verfügbar unter www.haimomer-nvr.com [7.4.2021].

sammen analysiert. Ich finde es wirklich unglaublich. Wie ich sagte: Die allermeisten Therapeut:innen werden nicht einfach nur unsere Manuale anwenden, sie werden davon vielleicht beeinflusst oder inspiriert werden und dann, so hoffe ich, werden sie nicht ihre humanistische Seite verlieren. Systemisch ist das Konzept bestimmt, das ist absolut klar. So würde ich mich in diesem Kontinuum einordnen.

DR Und vielleicht sogar ein bisschen verhaltenstherapeutisch, oder?

HO Nicht theoretisch. Unser Ansatz ist nicht sehr auf Prinzipien wie Verstärkung bezogen. Schlagworte wie »Konsequenzen« und so weiter sind keine Termini, die uns ansprechen. Wir sind beziehungsorientiert. Das heißt, die Eltern reagieren zwar, das steht fest. Aber bei Verstärkungen ist es zum Beispiel so: Wir glauben, dass Verstärkungen auch paradoxe Auswirkungen haben. Das sieht man sehr leicht bei rebellischen Adoleszenten: Die Eltern schlagen eine Verstärkung vor, einen Preis für die Verhaltensänderung des Kindes. Für dieses Kind, besonders für ein rebellisches, ist es sehr wichtig, nicht von den Eltern gekauft zu werden. Sie fühlen: Wenn ich diesen Preis bekomme, muss ich danach beweisen, dass ich mein Verhalten nicht geändert habe. Wenn ich danach mein Verhalten weiterhin ändere, dann ist das schlecht. Ich muss mich beweisen. Zu Anfang mache ich mit, dann nehme ich die Verstärkung, den Preis, und dann muss ich beweisen, dass ich nicht gekauft wurde. Das ist eine der paradoxen Auswirkungen. Deshalb würde ich sagen, dass Verhaltenstherapie und Verstärkung für uns kein tragfähiges Konzept sind.

Wir glauben nicht, dass die Erziehung vollständig auf Bestrafung verzichten kann, wir glauben nicht, dass Schulen auf Bestrafung verzichten können. Aber das ist unter anderem so, weil sie die Bestrafung auch brauchen, um als Modell zu dienen. Wir reagieren, das ist sehr wichtig, wir können manches nicht akzeptieren. Das ist wichtig: Wir sagen nicht, Bestrafung ist eine falsche Reaktion. Wenn wir das so sagen würden, würden wir alle Lehrer:innen sofort verlieren. Keine Gesellschaft in der Weltgeschichte kam ohne Bestrafung aus. Wir wollen nicht das Rad neu erfinden, das wäre eine sehr schlechte Idee. Aber unsere Ideen der *Neuen Autorität* basieren nicht auf der Bestrafung, da liegt der Unterschied.

DR Es gibt vielleicht auch einen Unterschied zwischen Bestrafung und pädagogischer Konsequenz?

HO Ich glaube, dass dieser Terminus »pädagogische Konsequenz« eine Beschönigung ist, ein Versuch, den Kuchen zu essen ohne die Kalorien. Man sollte Bestrafung sagen, weil das Bestrafung ist, ich bin gegen Beschönigungen. Ich glaube, dass diese Idee von »Konsequenz« eigentlich Bestrafung bedeutet. Wir sollten uns nicht schämen, als Eltern oder Lehrer:innen manchmal Strafen zu brauchen. Aber wir sollten unsere Autorität nicht zu sehr darauf basieren lassen. Wir können die Autorität anders begründen, das ist die Idee.

DR Dazu gibt es bestimmt gleich Fragen. Ich bin allerdings erst mal froh, dass du die Verhaltenstherapie zumindest in der Theorie durchaus kritisch siehst. Das ist nämlich auch meine Sicht. Meine allerletzte Frage ist die nach der Forschung. Bei Maria und Ben habe ich diese Frage durchaus kritisch gestellt, bei dir traue ich mich das kaum, da du ja sogar selbst forschst.

HO Die Forschung ist sehr wichtig für uns – sehr, sehr wichtig. Aus einigen Gründen: Wir brauchen die Forschung, um unsere Fehler und unsere Schwächen aufzudecken. Zum Beispiel haben wir durch Forschung entdeckt, dass wir zu Anfang nicht gut mit Vätern arbeiten konnten. Die Kooperationsrate von Vätern war niedriger als die von Müttern, das haben wir in unserer Forschung entdeckt. Dann haben wir eine Entwicklungsforschung betrieben. Entwicklungsforschung ist ein Versuch, eine Antwort auf Schwächen oder Schwierigkeiten zu entwickeln. Wir haben also erforscht, wie wir das Bündnis mit Vätern verbessern können. Und jetzt, in unserer letzten Forschung über ADHS, haben wir schon fast 100 % der Väter erreicht. Das ist einmalig in der Forschungsliteratur. Wir waren sehr stolz darüber. Väter sind nicht sehr psychologisch interessiert, man muss mit ihnen anders sprechen.

Wir haben durch diese Forschungen unsere Schwächen weiterentwickelt. Es ist auch sehr wichtig, Forschung zu betreiben, um uns zu legitimieren. Die Krankenkassen und die Öffentlichkeit brauchen Beweise, wenn sie in eine gewisse Methode investieren sollen, und ich glaube, sie haben das Recht dazu. Es ist außerdem sehr wichtig, die Grenze unserer Wirksamkeit zu bestimmen. Wir wissen zum Beispiel aus der Forschung, dass es uns fast unmöglich ist, ein wirklich gutes therapeutisches Bündnis mit Eltern zu schließen, die sich in einem Scheidungsprozess befinden. Diese Grenzen sind auch sehr wichtig. Wir haben schon über 25 Studien veröffentlicht. Die wurden nicht nur von uns gemacht, sondern auch von anderen Forschern in anderen Ländern. Es ist sehr wichtig, dass nicht alle Forschung von uns selbst gemacht wird, sondern auch von Menschen, die unser Konzept benutzen. Es ist interessant, was mit der Entwicklung der Forschung passiert ist. Inzwischen haben wir 25 Forschungsartikel aus den letzten 16, 17 Jahren und weitere Untersuchungen laufen noch.

DR Ja, sehr schön. Forschung ist auch für mich ein wichtiges Thema. Die Tagung wird unter anderem vom Arbeitsbereich Begabungsforschung an der Universität zu Köln organisiert. Ich merke immer wieder, dass wir da gerade, was Counselling angeht, mehr Forschung brauchen. Ein weiterer Kooperationspartner ist bei dieser Tagung auch die International Association for Counselling, und auch in diesem Kontext ist es sehr wichtig, dass wir Counselling belegen können, damit es im Gesundheits- und Bildungssystem verankert wird. Ich glaube, dass das ganz wichtig ist. Danke dir, Haim.

1.3 Forschung

von Haim Omer

Nonviolent Resistance (NVR) für gewalttätige, destruktive und impulsive Kinder

Zahlreiche Studien wurden bei Kindern mit externalisierenden Störungen durchgeführt (Gershy et al. 2017; Lavi-Levavi, Shachar a. Omer 2013; Newman, Fagan a. Webb 2013; Ollefs et al. 2009; Schorr-Sapir 2018; van Holen, Vanderfaeillie a. Omer 2016; van Holen et al. 2018; Weinblatt u. Omer 2008). Die Ergebnisse der Studien zeigen als Folge der Anwendung von NVR:

a) signifikante Verbesserungen bei gewalttätigen, destruktiven und antisozialen Verhaltensweisen
b) Verbesserungen bei der elterlichen Hilflosigkeit
c) Reduktion der Eltern-Kind-Eskalation
d) erhöhtes Gefühl der Unterstützung durch die Eltern (oder Pflegeeltern) und
e) Anstieg von positiven elterlichen Initiativen und fürsorglichen Gesten.

Eine der Studien (Schorr-Sapir 2018; Schorr-Sapir, Gershy a. Omer [in Vorb.]) maß die elterliche Verankerung direkt mit dem neu entwickelten Parental Anchoring Questionnaire (PAQ) (Kahn et al. 2019). Die NVR führte zu einem signifikanten Anstieg aller vier Elemente der elterlichen Verankerung (s. S.15) sowie zu einer konsistenten Verbesserung des Familienchaos.

Diese Studie ist aus einem weiteren Grund wichtig. Es war die erste kontrollierte Studie, die sich speziell auf ADHS konzentrierte. Wir haben ein spezielles Behandlungsmanual entwickelt, um Eltern im Umgang mit dieser Erkrankung zu unterstützen, die wahrscheinlich die am häufigsten diagnostizierte kindliche Störung weltweit ist. Eine frühere Studie hatte gezeigt, dass NVR einen stabilisierenden Effekt auf die Symptome der Aufmerksamkeit und Hyperaktivität bei Kindern mit einer Vielzahl von externalisierenden Störungen hatte (Oleffs et al. 2009). Wir stellten die Hypothese auf, dass dies darauf zurückzuführen sein könnte, dass es den Eltern durch die Verankerung in ihrer Elternrolle und ihrem Unterstützungssystem gelang, das Kind zu stabilisieren.

Die ADHS-Studie (Schorr-Sapir 2018; Schorr-Sapir, Gershy a. Omer [in Vorb.]) hatte ein weiteres überraschendes Ergebnis: Es gab nicht nur signifikante Verbesserungen bei externalisierenden Symptomen, sondern auch große und anhaltende Verbesserungen bei internalisierenden Symptomen (Angst und Depression). Wir schlossen daraus, dass die Kinder sich nicht nur besser verhielten, sondern auch besser fühlten – wahrscheinlich, weil die Eltern ihnen nun einen stabileren und positiveren Beziehungsrahmen boten. Dieser Befund ist die beste Entgegnung auf die Behauptung einiger Kritiker:innen, NVR sei eine harte Methode. Die oben genannten Studien zeigten sehr niedrige Abbruchraten vonseiten der Eltern (meist nur 5 %). Das Engagement der Väter war durchweg hoch. In der ADHS-Studie lag sie bei nahezu 100 % (ebd.). Dies zeigt, dass die NVR für Eltern sehr attraktiv ist – wahrscheinlich, weil sie die elterlichen Belange systematisch berücksichtigt und sowohl das Wohl der Eltern als auch das des Kindes im Auge hat. Die Eltern nehmen diese Botschaft schnell auf und reagieren darauf, indem sie in der Therapie bleiben und mit dem Behandlungsplan kooperieren.

NVR bei Angst- und anderen Akkomodationsstörungen[4]

Die ersten Studien des SPACE-Programms (Supportive Parenting for Anxious Childhood Emotions) bei Angststörungen (AD) und Zwangsstörungen (OCD) wurden an Familien durchgeführt, bei denen das Kind jegliche Behandlung ablehnte (Lebowitz 2013; Lebowitz et al. 2014). Die Intervention erwies sich als wirksam bei der Reduzierung von Angst und einer Verbesserung der Funktionsfähigkeit. Es gab auch sehr deutliche Verbesserungen beim elterlichen Leidensdruck. Der Anteil der Kinder mit AD, die eine Behandlung ablehnen, ist nicht bekannt, wird aber als hoch angenommen. Die Tatsache, dass auch diese Fälle behandelt werden konnten, macht das SPACE-Programm zu einem wichtigen Beitrag. Ein besonderer Gewinn bei diesen Fällen war, dass nach der Behandlung der Eltern etwa 70 % der Kinder bereit waren, sich ebenfalls behandeln zu lassen. Auf die Frage, warum sie ihre Meinung geändert hatten, gaben sie zwei Antworten:

4 Elterliche Akkomodation ist der Prozess, bei dem Eltern ihr Verhalten und ihre Regeln ändern, um Angst, Stress und Leiden des Kindes zu vermeiden. Eltern akkommodieren manchmal aus Mitleid, manchmal, weil sie vom Kind dazu gezwungen werden, und manchmal aus einer Mischung von beidem.

1. dass sie vorher nicht glaubten, die Angst aushalten zu können, und
2. dass sie Angst hatten, die Eltern würden, wenn sie sich in Behandlung begeben, die Leistungen, die sie vor der Angst schützen, einstellen.

Das SPACE-Programm ließ sie verstehen, dass sie ihre Angst aushalten konnten. Außerdem hatten die Eltern bereits aufgehört, ihre Leistungen zu erbringen (familiäres Entgegenkommen), sodass sie nun nichts mehr zu verlieren hatten. Die bisher größte Studie zum SPACE-Programm ist ein kontrollierter Vergleich zwischen SPACE für die Eltern und kognitiver Verhaltenstherapie (CBT) für das Kind (Lebowitz et al. 2019). Es handelt sich um eine Nicht-Unterlegenheitsstudie, d. h., es wird eine Methodik angewandt, die darauf abzielt zu zeigen, dass eine neue Behandlung vergleichbare Effekte wie eine etablierte hat. SPACE erwies sich in Bezug auf die Verbesserung der Angstsymptome als ebenso wirksam wie CBT, aber schneller und effektiver in Bezug auf die Erreichung der elterlichen »Deakkommodation«. Wir sollten nicht vergessen, dass dieser Vergleich Kinder umfasste, die bereit waren, sich behandeln zu lassen. Wenn wir bedenken, dass SPACE eine ähnliche Wirksamkeit zeigt, wenn das Kind die Behandlung ablehnt, wird das Argument zugunsten von SPACE noch stärker. Vielleicht ließen sich die besten Ergebnisse durch eine Kombination von SPACE für die Eltern und CBT für das Kind erzielen. Wir sind derzeit dabei, eine solche Studie zu entwickeln.

NVR-Behandlungen wurden auch bei anderen Akkomodationsstörungen untersucht. Sie hat sich bei ARFID (Avoidant/Restrictive Food Intake Disorder; Shimshoni, Silverman a. Lebowitz 2020) und AED (Adult Entitled Dependence; Lebowitz et al. 2012) als wirksam erwiesen. Eine in Frankreich durchgeführte Studie untersuchte Kinder mit tyrannischen Verhaltensweisen. Damit meinen wir Kinder, die der Familie ihre Wünsche und Forderungen durch extreme Drohungen, Angriffe und Wutanfälle aufzwingen. Die Atmosphäre in diesen Familien wird oft als eine regelrechte Schreckensherrschaft beschrieben. Obwohl der Zustand bei Kindern in verschiedenen diagnostischen Kategorien aufzutreten scheint, ist die Familienerfahrung in diesen Fällen recht ähnlich (Purper-Ouakil 2004). Obwohl die Akkommodation in diesen Familien oft gewaltsam erzwungen wird, neigen die meisten Eltern auch dazu, aus Mitgefühl und dem Glauben, dass das

Kind keine Kontrolle über sein Verhalten habe, zu akkommodieren. Dies hat zur Entwicklung eines NVR-Manuals geführt, um diesen Eltern zu helfen, diesen Glauben zu überwinden und aufzuhören, sich den Forderungen des Kindes anzupassen (Franc u. Omer 2017). Die Behandlung wird in einem Gruppenkontext durchgeführt. Die Studie wurde im kinderpsychiatrischen Zentrum von Montpellier durchgeführt.

Diese Studien zeigen, dass die Eltern in der Lage sind, sich zu deakkommodieren, wenn sie die Prinzipien der NVR verstehen und ein Unterstützungsnetzwerk unter der Anleitung des Therapeuten/der Therapeutin aufbauen. Signifikante und dauerhafte Verbesserungen über alle Studien hinweg wurden bei der elterlichen Akkommodation, den Symptomen und der Dysfunktion nachgewiesen. Da es inzwischen neue diagnostische Kategorien auf der Liste der Akkommodationsstörungen gibt, können neue Studien mit NVR-basierten Interventionen durchgeführt werden. Wir hoffen, dass diese unsere Behauptung untermauern werden, dass NVR-basierte Behandlungen eine wichtige Option bei diesen Erkrankungen sind (Shimshoni, Lebowitz a. Omer [in Vorb.]). Der Grund für die hohe Akzeptanz der NVR für diese Eltern liegt darin, dass sie die elterlichen Bedenken auf eine überzeugende Weise anspricht. Die Ängste der Eltern vor den Folgen der Deakkommodation – wie Eskalation, Traumatisierung des Kindes und Abbruch der Eltern-Kind-Beziehung – stehen im Mittelpunkt der NVR-basierten Programme. Es gibt kaum ein Elternteil, das sich nach dem Kennenlernen von NVR nicht in diesen Bedenken unterstützt fühlt. Unsere niedrigen Abbrecherquoten zeugen von dieser elterlichen Erfahrung.

Elterliche Wachsamkeit

Es wurden vier kontrollierte Studien durchgeführt, die die elterliche Wachsamkeit unter folgenden Bedingungen untersuchten:

a) Fahranfänger:innen (Shimshoni et al. 2015)
b) Medienmissbrauch (Sela 2019)
c) unkontrollierter Diabetes bei Jugendlichen und
d) jugendliche Straftäter:innen (Lothringer 2020).

Im Folgenden möchte ich exemplarisch auf zwei dieser Studien eingehen: die zum Medienmissbrauch und die zu jugendlichen Straftäter:innen.

In der Studie zum *Medienmissbrauch* wurden die Daten zur tatsächlichen Nutzung vom Internetanbieter eingeholt (mit Zustimmung der Eltern und des Kindes). Die Eltern nahmen an drei Gruppentrainings zu elterlicher *Wachsamer Sorge* in der digitalen Welt teil (Sela 2019). Die Ergebnisse zeigten eine Reduktion der durchschnittlichen Nutzungsstunden um mehr als 50 %. Die Verbesserungen waren bei einer Nachuntersuchung nach 2 Monaten beständig. Neben den objektiven Daten des Dienstleisters analysierten wir auch Fragebogendaten der Eltern und des Kindes. Diese zeigten, dass es signifikant weniger Eltern-Kind-Konflikte bezüglich der digitalen Aktivitäten des Kindes gab.

Dies ist das Gegenteil von dem, was wir erwarten würden, wenn das Kind die Intervention der Eltern als invasiv erleben würde. Unsere Daten zeigten, wie negativ die Erfahrung der elterlichen Kontrolle unter anderen Umständen als dem elterlichen Training in *Wachsamer Sorge* sein kann. So installierten die Eltern in einer der Behandlungsgruppen Filter, die die Nutzungszeiten und die Websites, auf denen das Kind surfen konnte, einschränkten. Diese Eltern waren nicht in elterlicher *Wachsamer Sorge* geschult. Unter dieser Bedingung nahmen Eltern-Kind-Konflikte stark zu. Wir verglichen auch die Berichte des Kindes und der Eltern über die digitalen Aktivitäten des Kindes. Unsere Annahme lautete: Wenn das Kind die Einstellung der Eltern verinnerlicht (wie es das Modell der elterlichen *Wachsamen Sorge* unterstellt), würde sich die Kluft zwischen den Berichten des Kindes und denen der Eltern verringern. Dies ist genau das, was wir gefunden haben. Die Studien zum Fahrverhalten von Jugendlichen und zum Missbrauch digitaler Medien sind von besonderer Bedeutung, da sie zu den ersten Studien gehören, in denen ein NVR-basiertes Protokoll mit einer normalen Population verwendet wurde. Wenn wir die Kürze der Intervention und die Tatsache berücksichtigen, dass gefährliches Fahren und Medienmissbrauch zu den Verhaltensweisen gehören, über die sich Eltern am meisten Sorgen machen, können wir uns eine Vorstellung von der potenziellen Nützlichkeit des Modells der *Wachsamen Sorge* machen.

Die vielleicht ehrgeizigste Studie über elterliche *Wachsame Sorge* wurde mit den Eltern von *straffälligen Jugendlichen* durchgeführt, die vom israelischen Jugendbewährungsdienst betreut wurden (Lothringer 2020). Die Studie konzentrierte sich hauptsächlich auf elterliche Variablen. Der Grund dafür ist, dass es in Israel strenge gesetzliche

Beschränkungen gibt, die darauf abzielen, dass die Daten über die Vergehen, die Personen als Minderjährige begangen haben, nicht in zukünftige Gerichtsverfahren gegen diese Personen einfließen können. Da die meisten der Kinder in unserer Stichprobe zu Beginn der Behandlung bereits 16 oder 17 Jahre alt waren, waren sie am Ende der Behandlung fast oder bereits volljährig. Dies machte es uns unmöglich, die Rückfälligkeit zu beurteilen, da alle Daten über neue Verstöße zu diesem Zeitpunkt nicht mehr verfügbar waren. Einige Erziehungsmaßnahmen wurden jedoch in der Literatur konsistent mit einer Verringerung der Straffälligkeit in Verbindung gebracht, z. B. elterliches Wissen (Lahey et al. 2008; Stattin, Kerr a. Burk 2010) und autoritativer Erziehungsstil (Hoeve et al. 2011; Simons a. Conger 2007). Dementsprechend konzentrierte sich diese Studie hauptsächlich auf das elterliche Wissen und die Verankerungsfunktion, die ein guter Indikator für autoritativen Erziehungsstil ist. Die Eltern von straffälligen Jugendlichen sind erfahrungsgemäß schwer zu erreichen (Hawkins et al. 1987; Mulvey, Arthur a. Reppucci 1993). Die hohe Akzeptanz von NVR-basierten Behandlungen führte jedoch zu der Erwartung, dass wir diese Schwierigkeit überwinden und ein gutes Maß an elterlicher Kooperation erreichen könnten. Wir verglichen eine Gruppenbehandlung in elterlicher *Wachsamer Sorge* mit TAU (»treatment as usual«), die aus einer ähnlichen Anzahl von Treffen mit den Jugendlichen unter Bewährung plus zwei Treffen mit ihren Eltern bestand. Das Training in *Wachsamer Sorge* folgte einem detaillierten Handbuch, das 12 Gruppensitzungen umfasste. Es zeigte sich, dass die *Wachsame Sorge* der Eltern dem TAU in Bezug auf das elterliche Wissen und in allen vier Elementen der Verankerungsfunktion signifikant überlegen war. Ein wichtiges Ergebnis betraf die Fähigkeit der Eltern, die verschiedenen Stufen der *Wachsamen Sorge* einzuhalten. Wie wir oben argumentiert haben, ist die *Wachsame Sorge* im Unterschied zur elterlichen Überwachung keine Aktivität, die linear gesteigert werden sollte.

Wenn Alarmzeichen auftreten, sollte das Niveau der *Wachsamen Sorge* erhöht werden. Ist die Situation jedoch ruhig, sollte die *Wachsame Sorge* verringert oder auf dem Grundniveau der offenen Aufmerksamkeit gehalten werden. Dies war genau das, was wir gefunden haben. Die Eltern waren in der Lage, den Grad ihrer *Wachsamen Sorge* an die von ihnen erkannten Alarmsignale anzupassen. Diese elterliche Flexibilität war in der TAU-Gruppe nicht vorhanden. Die Beteiligung der Eltern am Programm war sehr hoch, vor allem im Vergleich zu den üblichen Niveaus, die von den Sozialarbeiter:innen des Dienstes erfahren wurden (Kahan-Strawczynski a. Levi 2011). Infolgedessen wurde das Training in elterlicher, *Wachsamer Sorge* als Basisintervention von der israelischen Jugendbewährungshilfe übernommen, sodass es nun allen Eltern junger Probanden angeboten wird.

Die gemeinsamen Schlussfolgerungen aus diesen Studien sind, dass das Training der Eltern in *Wachsamer Sorge* angemessen, ansprechend und effektiv ist. Die Eltern werden in die Lage versetzt, ihr Wissen und ihre Verankerung zu erhöhen sowie ihren Grad der Beteiligung an die von ihnen erkannten Alarmzeichen anzupassen. Eltern-Kind-Konflikte und Eskalationen werden gering gehalten.

In den Studien, in denen das tatsächliche Verhalten der Jugendlichen gemessen wurde, ließen sich große Verbesserungen dokumentieren. Darüber hinaus gab es Anzeichen dafür, dass die fürsorgliche Haltung der Eltern verinnerlicht und von den Kindern in Selbstfürsorge umgesetzt wurde. Bei Bedingungen, die eine normale Population betreffen (wie die Studien über Autofahren und digitalen Missbrauch), kann es ausreichen, den Eltern ein relativ kurzes Training zu geben, um gute Ergebnisse zu erzielen. Bei komplexeren Populationen (wie bei den Studien über Jugendkriminalität und Diabetes) ist eine intensivere Intervention erforderlich, aber selbst dann können 10–12 Sitzungen ausreichen. Zumindest bei einigen Fragestellungen lässt sich das Training auch in einem Gruppenformat durchführen.

Interventionen in größeren Settings

Wie zu erwarten war, ist systematische Forschung in größeren Settings wie Schulen, Institutionen und Gemeinden schwieriger durchzuführen. Obwohl NVR-Interventionen in solchen Settings häufig eingesetzt werden, sind systematische Studien noch dringend erforderlich. Bislang sind nur wenige Pilotuntersuchungen veröffentlicht worden. Eine Studie (Omer et al. 2006) zeigte, dass ein Schulprogramm, das ein NVR-Training für Lehrkräfte beinhaltete, zu einer deutlichen Reduktion der berichteten Gewalt (Kind-zu-Kind, Kind-zu-Lehrkraft und Lehrkraft-zu-Kind) führte. Außerdem wuchs die Bereitschaft der Kinder, Gewaltvorfälle zu melden, ganz deutlich, genauso wie ihr Glaube, dass die Lehrer:innen helfen würden. Zwei weitere Pilotstudien betrachteten das NVR-Training in psychiatrischen Abteilungen für Jugendliche (Goddard et al. 2009; van Gink 2019). Diese Studien konzentrierten sich auf den Einsatz von körperlicher Fixierung und Isolation als Reaktion auf Gewalt durch Patienten der Station. Die Ergebnisse zeigten eine Reduktion von 50 % bei der Anwendung von Isolation und körperlicher Zwangsbehandlung. Allerdings handelt es sich hierbei um Pilotstudien, die noch weit von dem erforderlichen Maß an methodischer Strenge und Komplexität entfernt sind, um NVR als wirksame Intervention in diesen Bereichen zu etablieren.

Stand der Forschung

Ein dominantes Konzept in der Welt der therapeutischen Interventionen ist das der evidenzbasierten Therapien. Wie können wir die Evidenzbasis der NVR bewerten? Das übliche Verfahren besteht darin, alle Studien, die sich mit einer bestimmten Störung befassen, zu sichten, eine Metaanalyse durchzuführen und zusammenfassende Daten zu Effektgrößen, Anzahl und Qualität der Studien zu liefern und sie vielleicht mit anderen Behandlungsansätzen zu vergleichen, die ebenfalls metaanalysiert worden sind. In einem solchen Vergleich würde die NVR nicht den gleichen Evidenzstatus erreichen wie die *Multisystemische Therapie* (van der Stouwe et al. 2014), die *Funktionelle Familientherapie* (Hartnett et al. 2016), das *Parent Management Training* (Kazdin 1997) oder die *Dialektische Verhaltenstherapie* (Harvey, Hunt a. White 2019; Mills et al. 2019). Die Forschung zur NVR ist jedoch auf eine andere Art und Weise vorgegangen. Anstatt sich auf eine bestimmte Störung zu konzentrieren und Ergebnisstudien zu sammeln, die dann metaanalytisch ausgewertet werden konnten, hat sich die NVR-Forschung in verschiedene Richtungen verzweigt, die jeweils ähnlichen Prinzipien, aber unterschiedlichen Protokollen und Zielen folgen – je nachdem, was das jeweilige Problem erfordert. Die Vielfalt der behandelten Populationen deutet darauf hin, dass es sich bei der NVR um einen transdiagnostischen oder transproblemorientierten Ansatz handelt (Green 2017; Shimshoni, Lebowitz a. Omer [in Vorb.]). Bedauerlicherweise gibt es kein einheitliches Werkzeug, um einen weit verzweigten Baum verwandter Studien zu bewerten. Das anfängliche Versprechen der Metaanalyse bei ihrer Einführung, dass sie diese Aufgabe erfüllen kann (Smith, Glass a. Miller 1980), hat sich nicht bewahrheitet, und die Metaanalyse wird derzeit als Methode für kumulative Forschung fast ausschließlich in eher homogenen Bereichen eingesetzt. Wir sind daher gezwungen, uns auf ein »fehlbares rationales Urteil« zu verlassen, wenn wir die Forschungsergebnisse zur NVR bewerten wollen. Erfreulicherweise zeigen Studien zur NVR konsistente Verbesserungen in Bezug auf:

- externalisierende und internalisierende Symptome von Kindern in allen Altersgruppen
- elterliche Belastung und Hilflosigkeit
- elterliche Präsenz und *Wachsame Sorge*
- Eltern-Kind-Eskalation und Konflikte
- elterliche Selbstkontrolle
- wahrgenommene Unterstützung durch die Eltern.

Darüber hinaus ist die elterliche Abbrecherquote bei NVR weitaus geringer als bei praktisch allen anderen Ansätzen. Zum Beispiel lag die Abbrecherquote in einer Metaanalyse zum Elternmanagement-Training zwischen 40 % und 60 % (Kazdin 1997). In den meisten unserer Studien lag die Abbrecherquote bei etwa 5 % und in keiner bei über 20 %. Wir denken, dass NVR auch durch das hohe Engagement der Väter einzigartig ist (in der Studie über NVR bei ADHS wurde eine nahezu 100 %ige Väterbeteiligung erreicht).

Unserer Ansicht nach haben die Befunde zum Abbruch durch die Eltern und zur Väterbeteiligung eine besondere Bedeutung für das Verständnis der Auswirkungen von NVR. Den Eltern wird gleich zu Beginn gesagt, dass die NVR darauf abzielt, sowohl ihnen als auch ihrem Kind zu helfen. Wir sehen die elterliche Belastung und die Belastung des Kindes als gleich wichtig an – unter anderem, weil es dem Kind wahrscheinlich nicht besser gehen würde, wenn die Eltern weiterhin hilflos, verletzlich und überfordert wären. Die Eltern sind sehr überrascht, wenn sie diese Botschaft hören. Einige reagieren, indem sie sagen, sie wären bereit, die Hölle zu erleiden, wenn es ihrem Kind nur besser ginge. Im NVR lernen sie zu verstehen, dass eine solche Haltung der Selbstaufopferung nicht hilfreich sein kann – zum Beispiel, wenn sie zu einem hohen Maß an elterlicher Anpassung führt. Darüber hinaus sind die Schwierigkeiten, die Eltern bei der Umsetzung der Behandlungsaufgaben haben können, ein zentrales Thema der NVR. Wenn sie sich nicht in der Lage fühlen, wie gefordert zu handeln, sehen wir das nicht als Zeichen mangelnder Motivation, sondern als Zeichen, dass sie mehr Unterstützung brauchen. NVR-Therapeut:innen sind auch darin geschult, die Sorgen der Eltern ernst zu nehmen und Zeit und Aufmerksamkeit zu investieren, um angemessene Antworten zu finden. Wir glauben, dass diese Schwerpunkte wesentlich zu unseren ungewöhnlich niedrigen Abbrecherquoten beitragen.

Indikationen und Kontraindikationen

Basierend auf den Inhalten unserer unterschiedlichen Programme und den Ergebnissen der oben beschriebenen Studien sind wir nun in der Lage, unsere Ansicht über mögliche Indikationen und Kontraindikationen für die Wahl von NVR oder einer anderen Behandlung für ein bestimmtes Problem darzustellen.

Wir konnten vier starke **Indikationen** herausarbeiten:

1. wenn die Eltern eine Veränderung wollen, das Kind aber nicht kooperiert
2. wenn es schwierig ist, die Eltern in die Behandlung einzubinden
3. wenn ein ernsthaftes Eskalationsrisiko besteht
4. wenn das Elternteil sehr isoliert ist.

Absolute diagnostische **Kontraindikationen** ließen sich nicht finden. Bei einer entsprechenden Anpassung des NVR-Protokolls und einer engen Zusammenarbeit mit anderen Fachleuten (z. B. Psychiater:innen, Sozialarbeiter:innen, Pflegepersonal) kann NVR auch bei schweren psychopathologischen Zuständen, wie akuten Psychosen, eingesetzt werden (Goddard et al. 2009; van Gink 2019).

Situative Kontraindikationen sind insbesondere feindselig laufende elterliche Scheidungsprozesse und Elternkonstellationen, in denen sich ein Elternteil nicht nur verweigert, sondern sogar versucht, den anderen Elternteil aktiv zu sabotieren. Wir glauben, dass in solchen Situationen individuelle Hilfe für das Kind mehr Chancen auf einen (zumindest partiellen) Erfolg haben kann als NVR.

Eine weitere Situation, in der andere Ansätze dem NVR vorgezogen werden können, ist gegeben, wenn die Eltern das Bedürfnis haben, ihre Kommunikation mit dem Kind unter Anleitung eines Therapeuten/einer Therapeutin zu verbessern. Wir denken, wenn das Kind bereit ist, in diesem Prozess zu kooperieren, wären in diesen Fällen wahrscheinlich andere Ansätze angezeigt, die das Kind mehr mit einbeziehen.

2 *Marte Meo* – aus eigener Kraft

von Maria Aarts

2.1 Einführung in das Konzept

Der Ausgangspunkt meiner Arbeit ist stets, strukturierte *Marte Meo*-Konzepte für spezifische Zielgruppen in Zusammenarbeit mit Fachleuten aus den jeweiligen Arbeitsfeldern zu entwickeln – das heißt Konzepte, die sich auf ihre jeweilige Arbeitssituation anwenden und in ihren Arbeitskontext integrieren lassen. Ich möchte Fachleute unterstützen, auf ihre persönliche Art und Weise ihr fachliches Wissen in Kombination mit *Marte Meo*-Informationen zu nutzen, um die Entwicklungsbedürfnisse ihrer Zielgruppe zu unterstützen. So habe ich schon verschiedenste, auf spezielle Berufsgruppen der Prävention, Frühförderung und Behandlung abgestimmte »*Marte Meo*-Informationspakete« entwickelt.

Es erfreut mich immer wieder, auch am Ende eines erfolgreich abgeschlossenen Ausbildungszyklus zu sehen, wie verschiedene *Marte Meo*-Projekte entstanden sind und wie individuell sich die immer wieder gleiche *Marte Meo*-Basisinformation verstehen und maßgeschneidert benutzen lässt. »Aus eigener Kraft« implementieren unterschiedlichste Fachkräfte, Kulturen und Länder die *Marte Meo*-Methode und profitieren vom Erfahrungsaustausch innerhalb des internationalen *Marte Meo*-Netzwerks.

Im Mittelpunkt der Marte Meo-Methode steht die Qualität einzelner Interaktionen. Denn es ist die Qualität der Interaktionen, die die Entwicklung unterstützt und Möglichkeiten für Wachstum und Wohlbefinden schaffen kann. Diese Möglichkeiten nicht zu verpassen, sondern zur Verbesserung der Lebensqualität zu nutzen, das ist das zentrale Anliegen der *Marte Meo*-Methode.

Marte Meo ist eine videobasierte Methode zur Entwicklungsunterstützung und Beratung. Sie stellt Eltern, Angehörigen und Fachkräften detaillierte und praktische Informationen zur Verfügung, wie sie Kinder, Jugendliche und Erwachsene bei der Bewältigung ihrer jeweils ganz individuellen Entwicklungsaufgaben in unterschiedlichen Lebensphasen unterstützen können. Diese Informationen werden mithilfe von differenzierten und sehr genauen Interaktionsanalysen aus kurzen Videoclips alltäglicher Situationen gewonnen.

Ziel der Methode ist es, Eltern, Angehörige und Fachleute zu befähigen, unterstützende Interaktions- und Kommunikationsfähigkeiten mithilfe der Videobilder wahrzunehmen, zu trainieren und weiterzuentwickeln, um sie dann in alltäglichen Interaktionen bewusst einzusetzen.

Marte Meo-Informationen sind verstehbare und brauchbare Informationen

In der intensiven und langjährigen Zusammenarbeit mit Eltern habe ich die Erfahrung gemacht, dass Mütter, Väter und andere Bezugspersonen vor allem verstehbare und brauchbare Informationen darüber benötigen, wie sie Kinder bestmöglich in ihrer Entwicklung unterstützen können. Die meisten Eltern wollen nur das Beste für ihr Kind. Ich verstand schnell, dass Kinder die besten Chancen in ihrem Leben haben, wenn wir mit ihren Eltern die Informationen darüber teilen, wie sie ihre Kinder bestmöglich unterstützen können.

Daraus entstand das, »*Marte Meo*-Eltern-Einladungsprogramm«. Dies bedeutet: Wenn Profis die *Marte Meo*-Informationen in ihrem Arbeitsalltag einsetzen, teilen sie diese entwicklungsunterstützenden Informationen mit den Eltern.

Der Begriff *Marte Meo* – aus eigener Kraft

Ich habe den Begriff in klassischen lateinischen Texten gefunden, und eine der Bedeutungen sprach mich direkt an, nämlich »aus eigener Kraft«. Etymologisch kommt »marte« von *mars* und drückt damit beispielsweise »Kraft« aus. »Meo« kommt von *meus* und bedeutet »mein« bzw. »unabhängig«. Also: *Marte Meo* kann man aus dem Lateinischen so übersetzen: »aus eigener Kraft«. Der Begriff *Marte Meo* beschreibt das zentrale Anliegen des Programms: Fähigkeiten aufzuzeigen, zu aktivieren und zu entwickeln, die zu konstruktiver Interaktion und Entwicklung beitragen. Das Ziel von *Marte Meo* ist es, Menschen zu ermutigen, ihre eigene Kraft zu nutzen, um Entwicklungsprozesse voranzubringen und anzuregen. Auf diese Weise können sie Fähigkeiten entwickeln, die es ihnen ermöglichen, die Qualität ihres alltäglichen Lebens und ihren Arbeitsalltag zu verbessern.

Grundlage der Methode: Lernen vom natürlichen Entwicklungsmodell

Grundlage der Methode ist das genaue Beobachten und Analysieren von Interaktionsmomenten im Alltag. Professionell und mithilfe von

Videointeraktionsanalysen habe ich damit Anfang der 1980er-Jahre begonnen. Meine Mutter würde jedoch sagen, dass ich bereits mit 4 Jahren mit der genauen Beobachtung von Menschen begonnen habe. Sie hat noch versucht, mir dies abzugewöhnen, weil sie es unhöflich fand, dass ich die Menschen immer »angestarrt« habe. Aber ich konnte nicht anders. Ich fand es einfach zu interessant zu beobachten, was zwischen Menschen geschieht und wie unterschiedlich dies war. Glücklicherweise hat meine Mutter noch mitbekommen, was mir das gebracht hat. Sie begleitete mich 1993 zur Abschlussveranstaltung eines dreijährigen Projektes in Trondheim/Norwegen. Die fünf Berufsgruppen, die ich dort trainiert habe, präsentierten auf der Bühne, was sie von mir gelernt hatten: das genaue Beobachten mit dem Fokus auf das Erkennen von Möglichkeiten in komplizierten Situationen. Zurück im Taxi zum Hotel sagte meine Mutter zu mir: »Maria, das war aber klug von dir, wenn du schon nicht mit dem Gucken aufhören konntest, das zu deinem Beruf zu machen!«

Regelmäßig sprechen mich Menschen darauf an, dass die Basisinformationen der *Marte Meo*-Methode auf den ersten Blick so einfach wirken, bei ihrer Anwendung in der Arbeit aber eine so große Wirkung entfalten. Dann erkläre ich ihnen, dass dies ein Endresultat von jahrelanger intensiver Beobachtung ist. Ich habe sehr hart daran gearbeitet, um es so einfach aussehen zu lassen. Mit viel Ausdauer und Fokussierung habe ich all die Jahre geübt, geübt und geübt und dabei immer auf die Feinheiten und Details in den alltäglichen Interaktionsmomenten geachtet. Durch die Arbeit mit vielen Familien in so vielen unterschiedlichen Kulturen und Berufsgruppen hatte ich die Gelegenheit, immer wieder detailliert zu analysieren, was genau in den Interaktionen geschieht.

Zu Beginn der Arbeit mit einer neuen Berufsgruppe, in einem neuen Land oder einer neuen Kultur habe ich mich immer erst mit der Analyse von gut funktionierenden Interaktionen in diesem Setting beschäftigt. Das hat mir einen Rahmen gegeben, in dem ich entdecken konnte, welche unterstützenden Kommunikationsfähigkeiten noch nicht ausreichend entwickelt waren, wenn es Probleme gab.

Im natürlichen Entwicklungsprozess ist es wichtig, den Entwicklungsinitiativen des Kindes zu folgen. Um einen unterbrochenen Entwicklungsprozess zu reaktivieren, ist es deshalb von enormer Wichtigkeit, jede Entwicklungsinitiative des Kindes, der Familie, einer Fachkraft oder einer anderen Person wahrzunehmen und darauf aufbauend den natürlichen Entwicklungsprozess wiederherzustellen. Da ich die Informationen über Entwicklung aus Beobachtungen im Alltag gewonnen habe, ist die Anwendung der *Marte Meo*-Informationen so passend dafür, die Qualität von Interaktionen im Alltag zu verbessern. Alle Programme lasse sich nutzen, um Handlungsmuster im Alltag zu verändern. Meiner Meinung nach finden Veränderungen vor allem im praktischen Handeln statt und nicht nur im Kopf alleine.

Probleme sind Entwicklungs- und Wachstumsmöglichkeiten

Probleme, die uns im Leben begegnen, stellen oft auch eine Möglichkeit zu Wachstum und Weiterentwicklung dar. Häufig sehen wir sie nur als »Schwierigkeiten« an und übersehen dabei die damit verbundene »Möglichkeit«, neue Fähigkeiten zu erlernen. An Problemen erkennen wir, welche Fähigkeiten Menschen noch nicht ausreichend entwickelt haben, um mit ihrem eigenen Leben zurechtzukommen. So führt auch das Meistern von Problemen zu mehr Wachstum und zur Verwandlung von Problemen in Möglichkeiten, die die Lebensqualität verbessern. Ich bin fest davon überzeugt, dass die meisten Menschen und Familien über das Potenzial verfügen, ihre eigenen Probleme zu lösen und ihren eigenen Entwicklungsprozess zu gestalten. *Marte Meo*-Professionals werden darin ausgebildet, mithilfe der *Marte Meo*-Entwicklungs-Checklisten Menschen darin zu unterstützen, ihre Wachstumsmöglichkeiten zu nutzen und den natürlichen Entwicklungsprozess wiederherzustellen. Die hierfür benötigten Informationen werden mit Videoaufnahmen aus eigenen Alltagssituationen in einem Review vermittelt. Die Videointeraktionsanalysen benutzen wir als Werkzeug, um diese Informationen passgenau und Schritt für Schritt zu vermitteln. Ein großer Teil des Trainings von *Marte Meo*-Professionals ist ein spezifisches Kommunikationstraining – siehe die »*Marte Meo* Checkliste Review« –, das darauf abzielt, Menschen in Entwicklungsstimmung zu bringen. Denn:

> *Marte Meo*-Zeit ist Entwicklungszeit!

Das internationale *Marte Meo*-Netzwerk: Eine reiche Quelle für neue Initiativen

Die *Marte Meo*-Methode enthält so viele Informationen über die Struktur erfolgreicher Interaktionsmomente und unterstützenden Verhaltens, dass sich immer wieder ganz unerwartete Berufsgruppen davon angesprochen fühlten. Ich ging zunächst davon aus, dass sich die *Marte Meo*-Methode nicht in der Altenpflege anwenden ließe. Als ich aber Anfang der 1990er-Jahre von Mitarbeiter:innen aus Schweden und Dänemark gebeten wurde, den Einsatz von *Marte Meo* in der Altenpflege zu supervidieren, nahm ich die Herausforderung an. Ich stellte es mir interessant vor, ein solches Projekt auszuprobieren und zu sehen, ob sich aus meinen Erfahrungen mit dieser Berufsgruppe ein spezielles *Marte Meo*-Programm für diese Zielgruppe entwickeln ließe und zu welchen Ergebnissen dies wohl führen würde. Die Erfahrung, dass es offensichtlich möglich war, die Lebensqualität dieser höchst verletzlichen Menschen mit *Marte Meo* zu verbessern, berührte mich sehr. Die Arbeit in der Altenpflege machte mir erneut deutlich, wie das Internationale *Marte Meo*-Netzwerk weltweit zu einer Quelle von Initiativen wird, die zu neuen *Marte Meo*-Programmen führen.

Einsatzgebiete, Berufsgruppen und Arbeitsfelder

Marte Meo wird mittlerweile von sehr vielen Berufsgruppen in ganz unterschiedlichen Arbeitsfeldern genutzt: von Frühgeborenen und Schrei-Babys über Kindergärten und (Förder-)Schulen bis hin zur Erwachsenenpsychiatrie und Altenpflege.

Marte Meo-Ausbildungsprogramme für Universitäten und Fachhochschulen

Marte Meo wurde ursprünglich nicht für die akademische Welt entwickelt. Dennoch zeigen sich verschiedene Universitäten und Wissenschaftler sehr interessiert am Einsatz der Methode in ihrem jeweiligen Arbeitsbereich. Ich bin froh darüber, dass weltweit Universitäten, Fachhochschulen und Institutionen so viel Interesse zeigen, um in Zusammenarbeit mit mir die *Marte Meo*-Informationen für ihre Ausbildungssysteme passend zu machen.

Marte Meo als Bindeglied zwischen Theorie und Praxis

Viele Universitäten nutzen bereits die Möglichkeit, *Marte Meo* als Bindeglied zwischen Theorie und Praxis einzusetzen. Häufig wird mir berichtet, wie schwierig es für sie ist, einen Weg von der Theorie zur aktuellen Praxis zu finden und wie hilfreich sie die *Marte Meo*-Methode auf diesem Weg finden. Darüber hinaus bekomme ich regelmäßig aus den Universitäten und Hochschulen die Rückmeldung, dass die Informationen aus der *Marte Meo*-Methode hervorragend zu den neuesten

Theorien über die Entwicklung von Kindern und den Ergebnissen der neurobiologischen Forschung passen. Vermutlich deswegen werden immer mehr wissenschaftliche Artikel und Thesen zur *Marte Meo*-Methode und ihrer Anwendung veröffentlicht. Aktuelle Forschungen finden Sie auf unserer Website www.martemeo.com.

Marte Meo-Entwicklungs-Checkliste: Die Botschaft hinter dem auffälligen Verhalten lesen

Mithilfe der *Marte Meo*-Basisinformationen und der unterschiedlichsten *Marte Meo*-Checklisten kann Kindern mit Entwicklungs- bzw. Verhaltensproblemen geholfen werden. Wenn wir die Botschaft hinter dem auffälligen Verhalten lesen können, bietet uns das die Möglichkeit, auf der Entwicklungsebene konsequent entwicklungsorientiert zu schauen, was das Kind braucht, statt dass wir nur auf der Verhaltensebene ein unerwünschtes Verhalten beobachten und den Versuch machen, das Verhalten rein verhaltens- und problemorientiert zu verändern. Nur wenn es uns gelingt, die Botschaft hinter dem auffälligen Verhalten zu lesen, bekommen wir die wichtige Information darüber, was das Kind an Unterstützung braucht, um den nächsten Entwicklungsschritt zu gehen. Die Arbeit mit den *Marte Meo*-Checklisten ermöglicht einen klaren Überblick über anstehende Entwicklungsschritte. Dieser Überblick steht am Anfang der Unterstützung von Eltern, Kindern und auch Fachleuten, damit Entwicklungsprozesse angestoßen oder wieder in Gang kommen können.

Entwicklungsorientiert arbeiten

Die *Marte Meo*-Entwicklungs-Checklisten sind hilfreich, um Entwicklungsbotschaften hinter auffälligem Verhalten zu lesen. Sie liefern detaillierte und konkrete Informationen darüber, wie kleine praktische Schritte in der Entwicklungsunterstützung im Alltag aussehen können.

Entstehung der *Marte Meo*-Entwicklungs-Checklisten – eine *Marte Meo*-Brille

Mein neuer *Marte Meo*-Supervisionsstil sieht so aus: Als Supervisor:in sage ich nicht, was ich sehe – sondern sage, worauf ich achte. Während ich die *Marte Meo*-Methode entwickelte, stellte ich fest, dass die Kursteilnehmer:innen immer sehr davon beeindruckt waren, wie gut es mir gelang, in einem wenige Minuten dauernden Video so viele

Informationen über die Entwicklung des Kindes und das unterstützende Verhalten der Eltern zu erkennen. Immer wieder fragten sie mich: »Wie siehst du all das?« Ich fragte mich selber, wonach genau ich schaute und wie ich Filme, die ich zum ersten Mal sah, betrachtete. Auf diese Weise veränderte ich meinen Supervisionsstil komplett und sagte den *Marte Meo*-Trainees ab diesem Zeitpunkt nicht mehr nur, was ich sah, sondern beschrieb ihnen Schritt für Schritt, worauf ich bei der Analyse der Interaktionen in den Filmen achtete. Dadurch gelang es, den Fokus und die Aufmerksamkeit der Kursteilnehmer von der Bewunderung für mein schnellen Sehen auf die eigene erfolgreiche Entwicklung dieser Fähigkeit zu richten. So lernten die Trainees, die aus *Marte Meo*-Sicht interessanten Momente in den Filmen selbst zu entdecken – »aus eigener Kraft«!

Nach und nach entstanden auf diese Weise Entwicklungs-Checklisten für unterschiedliche Arbeitsgebiete und Tätigkeitsfelder. Diese Checklisten sind für *Marte Meo*-Anwender:innen ein hilfreiches Handwerkszeug. Nach Abschluss ihrer *Marte Meo*-Ausbildung geben die Teilnehmer:innen häufig die Rückmeldung, dass sie nun ganz anders auf Interaktionen schauen: nämlich durch eine »*Marte Meo*-Brille«.

Fachleute

In ihrem beruflichen Alltag nutzen Fachleute aus dem internationalen *Marte Meo*-Netzwerk die *Marte Meo*-Entwicklungs-Checklisten. Diese Checklisten werden in der Familientherapie, Frühberatung, Kita, Schule, Kinder- und Jugendpsychiatrie, Erwachsenenpsychiatrie, Altenpflege, in Krankenhäusern, der Behindertenhilfe und vielen vergleichbaren Arbeitsfeldern eingesetzt.

Praktische Anwendung der *Marte Meo*-Entwicklungs-Checklisten

Die *Marte Meo*-Entwicklungs-Checklisten sind ein Analyse- und Diagnosewerkzeug. Mit ihrer Hilfe wird anhand von ausgewählten Videosequenzen aus alltäglichen Situationen eine *Marte Meo*-Entwicklungsdiagnose erstellt. Diese Entwicklungsdiagnose gibt Auskunft darüber, welche Fähigkeiten und Kompetenzen schon entwickelt und vorhanden sind. Sie hilft ebenso wahrzunehmen, in welchen ganz konkreten Situationen im Alltag Eltern und Fachleute Entwicklungsmöglichkeiten und Entwicklungsgelegenheiten nutzen können. Somit gibt man einem Kind, Jugendlichen oder Erwachsenen die Chance, einen nächsten Entwicklungsschritt anzustoßen und den Entwicklungsprozess zu reaktivieren. Die ausgewählten Videosequenzen aus alltäglichen Interaktionsmomenten werden Eltern, Fachleuten und Bezugspersonen und gegebenenfalls auch den Kindern und Betreuten selbst in der Review-Sitzung vermittelt. Die *Marte Meo*-Checklisten habe ich zunächst für die Arbeit mit Kindern entwickelt. Bei deren Anwendung und Weiterentwicklung hat sich jedoch schnell gezeigt, dass sie sich auch bei Jugendlichen und Erwachsenen erfolgreich anwenden lassen.

Die Vermittlung der Information: Das *Marte Meo*-3W-Beratungssystem

Das *Marte Meo*-3W-Beratungssystem ist das Beratungswerkzeug der *Marte Meo*-Methode. Mit seiner Hilfe werden die gewonnenen Informationen über Unterstützungsmöglichkeiten und -gelegenheiten im Alltag ganz konkret vermittelt. Das betrifft auch die Informationen, die wir als »Botschaft hinter dem auffälligen Verhalten« lesen und erkennen. Das auffällige Verhalten, das meist deutlich als Problem zu sehen ist, enthält gleichzeitig immer auch den hieraus zu »lesenden« Hinweis auf die dahinterliegende Entwicklungsmöglichkeit. Im Jahr 2005 haben meine Schwester Josje und ich das *Marte Meo*-3W-Beratungssystem gemeinsam entwickelt und ausgearbeitet. Es ermöglicht die konkrete Vermittlung der *Marte Meo*-Informationen im Review und folgt stets dem Muster WANN, WAS, WOZU:

> WANN: in diesem Moment
>
> WAS: Was kann man tun? Information zu unterstützenden Kommunikationsfähigkeiten
>
> WOZU: Wozu ist es wichtig? Information zur Unterstützung des Entwicklungsprozesses

Marte Meo-Zeit ist Entwicklungszeit – »Lust auf Entwicklung«

Marte Meo-Profis sind Entwicklungsspezialist:innen im Alltag. Sie lernen, Entwicklungsmöglichkeiten und Entwicklungsgelegenheiten so zu kommunizieren, dass die Menschen, die Unterstützung oder Beratung brauchen, in Entwicklungsstimmung kommen können. Dies bedeutet, dass sie »Lust auf Entwicklung« bekommen. Für Kinder, Jugendliche und Erwachsene mit besonderen Bedürfnissen und deren

Eltern, Angehörige, Betreuer:innen oder Bezugspersonen bieten die *Marte Meo*-Checklisten eine Grundlage zur Unterstützung der Entwicklung spezieller elterlicher oder betreuerischer Fähigkeiten.

Das *Marte Meo*-3W-Beratungssystem: Ein Leitfaden

In unserer täglichen Arbeit haben wir festgestellt, dass es für *Marte Meo*-Supervisors, *Marte Meo*-Colleague Trainers und *Marte Meo*-Therapists in Ausbildung häufig schwierig war, »den Faden nicht zu verlieren«, wenn sie ihre Beratung und die Informationen für Eltern und Fachleute gleichermaßen vorbereiteten. *Marte Meo*-Supervisors, *Marte Meo*-Colleague Trainers und *Marte Meo*-Therapists in Ausbildung sollen lernen, den Blick konsequent auf Entwicklung zu richten. So können sie »einen geraden Weg gehen« – in Richtung einer passgenauen Beratung, die den präzisen Gebrauch der *Marte Meo*-Basisinformationen über die Unterstützung der Entwicklung spezieller Fähigkeiten beachtet. Diese Art des Fokussierens ermöglicht es ihnen, das Thema mit dem passenden Bild und der dazugehörigen *Marte Meo*-Information zu verbinden. Das *Marte Meo*-3W-Beratungssystem ist als Leitfaden gedacht. Sind die 3 »Ws« beantwortet, führen sie zu konkreter und effektiver Beratung. Sie geben den *Marte Meo*-Professionals Aufschluss darüber, wie sich die Entwicklung neuer Fähigkeiten jeweils unterstützen lässt. In den Folgefilmen stellten wir fest, dass sowohl Eltern als auch Fachleute mithilfe des *Marte Meo*-3W-Beratungssystems Kinder oder andere Personen erfolgreicher unterstützen konnten. Sie waren in der Lage, dem Kind bzw. der Person die jeweils passende Information zu geben. Eine schnellere und vor allem nachhaltigere Entwicklung war das Ergebnis.

***Marte Meo*-Learning-Sets**

Ich habe bereits berichtet, wie früh ich damit angefangen habe, Menschen zu beobachten, und dass ich mich später professionell darauf spezialisiert habe. Von Anfang an war ich sehr beeindruckt, wie unterschiedlich Menschen aufeinander reagieren. Mein Augenmerk lag darauf, im Detail ganz genau zu schauen. Ich kann gewiss keine umfassende Darstellung vom alltäglichen Leben liefern – das Leben selbst ist weit mehr als das, was sich zu Papier bringen lässt. Videofilme sind ein viel geeigneteres Medium, etwas zu veranschaulichen. »*Marte Meo* Learning Sets« sind Sammlungen von Videoclips, die alltägliche Interaktionsmomente zeigen und deutlich machen, wie sich die *Marte Meo*-Informationen als Konzept in verschiedenen Arbeitsfeldern (Familie, Kindertagesstätte, Gesundheitsdienst, Pflege, Kliniken,

Kinder-, Jugend-, Alten- und Behindertenhilfe etc.) und als »goldenes Geschenk« zur Qualitätsverbesserung der Interaktionsmomente maßgeschneidert einsetzen lassen.

Das erste *Marte Meo* Learning Set beschäftigt sich mit Kleinkindern von 0–3 Jahren: »10 goldene Geschenke an Kinder«.
Die *Marte Meo* Learning Sets werden nach und nach auf www.martemeo.com veröffentlicht, hier kann man auch das Buch *Das Goldene Geschenk* mit allen Entwicklungs-Checklisten bestellen.

Marte Meo-Begriffe

Die *Marte Meo*-Begriffe sind aus meiner langjährigen Beobachtung gut funktionierender Interaktionsmomente zwischen unterschiedlichen Menschen in verschiedensten Systemen auf Kommunikations- und Entwicklungsebene entstanden. Die *Marte Meo*-Begriffe werden in der therapeutischen Arbeit, der Beratung, in Reviews, der Ausbildung, in Präsentationen, Supervisionen, in Artikeln und Büchern benutzt. Zum besseren Verständnis und zur angemessenen Nutzung werden hier die einzelnen Begriffe vorgestellt und näher beschrieben.

Initiativen

Das sind verbale und nonverbale Handlungsimpulse wie zum Beispiel Aktionen, Emotionen, aber auch ein Blick, ein Ton oder eine Bewegung.

Aufmerksam warten

Das heißt, mit Interesse und voller Aufmerksamkeit Raum und Zeit geben, um Initiativen entstehen zu lassen.

Der Initiative folgen

Das bedeutet, die Initiative eines anderen wahrzunehmen und in angemessenem Tempo zu folgen.

Benennen

»Benennen« bedeutet »Wörter geben« auf Handlungsebene, Informationsebene und emotionaler Ebene: »Er tut – du sagst.«

Sich abwechseln

»Sich abwechseln« bedeutet, die Kommunikation so zu strukturieren, dass beide Beteiligten einbezogen sind und nicht gleichzeitig aktiv sind. Sich in der Kommunikation abwechseln ist die Grundlage jeden

Dialogs und jeder gelingenden Interaktion. Abhängig vom Verhalten des Gegenübers braucht es Signale, die zur Zurückhaltung auffordern oder durch gezielte Unterstützung einladen, in die nonverbale Interaktion hineinzukommen.

Linking up

»Linking up« bedeutet, Gelegenheiten zur Verbindung zu schaffen durch das Hervorheben sozialer Informationen, die noch nicht wahrgenommen werden: »Ah, Peter kommt gerade rein.« Gemeint ist eine Einladung dazu, eine soziale Verbindung mit der Umgebung herzustellen.

Positiv leiten

Die wichtigsten Elemente von »positiv Leiten« sind:

- Anschluss machen/Verbindung herstellen
- vorhersagbar sein, das heißt, die Leitung übernehmen und vor einem Aktionsmoment benennen, was man im nächsten Moment vor hat oder tun wird
- einen klaren Anfang machen
- vor dem Aktionsmoment der Person sagen, wie man es haben möchte, also ganz konkret formulieren, was die Person im nächsten Moment tun kann
- die gewünschten Initiativen bestätigen
- Schritt für Schritt anleiten
- regelmäßig Verbindungsmomente einbauen
- für ein klares Ende sorgen.

Wichtige Begriffe, die insbesondere zur Vermittlung der *Marte Meo*-Informationen benutzt werden:

Marte Meo-*Review*

Das »Review« ist die Form der Beratung in der *Marte Meo*-Methode. Dabei werden zur Fragestellung passende zuvor ausgesuchte Filmsequenzen gezeigt und mit entwicklungsunterstützender Information verknüpft.

Marte Meo-*Checkliste Review*

Die *Marte Meo* Checkliste Review ist eine Checkliste, die die *Marte Meo*-Berater:innen unterstützt, die Vermittlung der passgenauen Videosequenzen auf Informations- und Kommunikationsebene zu strukturieren und die Klient:innen in Entwicklungsstimmung zu bringen.

Coffee, cookies and the dog

Anschluss am Anfang einer Beratung und eine gute Atmosphäre sind Grundvoraussetzungen für ein gelingendes Review. Gleich zu Anfang der Sitzung kann man über alltägliche Dinge der Reviewpartner sprechen: über den Kaffee, die Kekse oder den Hund.

In die Bilder sprechen

»In die Bilder sprechen« heißt, dass Bild und Information zusammenpassen, dass die gegebene Information gleichzeitig auf dem Bild sichtbar sein muss.

Die Entwicklungsbotschaft hinter dem auffälligen Verhalten lesen

In *Marte Meo* gehen wir davon aus, dass hinter jedem auffälligen Verhalten eine Entwicklungsbotschaft zu erkennen und zu lesen ist. Welche Entwicklungsunterstützung benötigt diese Person, um ein angemessenes Verhalten zu zeigen? Ein Beispiel: Wenn ein Kind ein anderes Kind schlägt, versuchen wir nicht in erster Linie, sein Problemverhalten zu ändern, sondern wir filmen dieses Kind zusammen mit anderen Kindern in einer Spielsituation und diagnostizieren mithilfe der *Marte Meo*-Entwicklungs-Checkliste »Spielfähigkeiten«. Wir schauen, in welchen Entwicklungsbereichen das Kind noch Unterstützung benötigt, um in einer guten Art mit anderen Kindern zusammen spielen zu können.

Marte Meo-*Entwicklungs-Checklisten*

Die *Marte Meo*-Entwicklungs-Checklisten sind ein Analyse- und Diagnosewerkzeug. Mit ihrer Hilfe stellen wir anhand von ausgewählten Videosequenzen aus alltäglichen Situationen eine *Marte Meo*-Entwicklungsdiagnose.

Marte Meo-*Entwicklungsdiagnose im Alltag*

Die *Marte Meo*-Entwicklungsdiagnose gibt Auskunft darüber, welche Fähigkeiten und Kompetenzen aktuell schon entwickelt und vorhanden sind. Sie hilft ebenso wahrzunehmen, in welchen ganz konkreten Situationen im Alltag Entwicklungsgelegenheiten genutzt werden können, damit ein nächster Entwicklungsschritt angestoßen und der Entwicklungsprozess reaktiviert wird.

Goldmine

Mit »Goldminen« sind die individuellen Entwicklungspotenziale, Interessen und Talente eines jeden Menschen gemeint. Sie zeigen sich in den spontanen Initiativen. Wenn wir diese unterstützen, können sie sich weiter entfalten.

Happ-happ-Momente

In Holland heißt es »Happ-happ«, wenn man einen Löffel mit Essen zu sich nimmt. Wie das Essen vom Löffel sollte man oft und regelmäßig »gute, emotionale Momente und Komplimente essen«! Eltern, Angehörige und Fachleute geben oft sehr viel von sich selbst und lassen viel eigene Energie in die Arbeit fließen. Darum: »Nicht vergessen, schöne Momente zu essen!« Zum Beispiel: Wenn Ihnen in Alltagssituationen jemand zeigt: »Ich genieße deine Hilfe«, dann können Sie sich mit dieser Bemerkung bzw. Erfahrung selbst emotional füttern und sich wie mit »herrlichem Essen den Bauch füllen« – als Prävention gegen Burn-out.

2.2 Dirk Rohr im Gespräch mit Maria Aarts

DIRK ROHR (DR) Maria, ich würde dich bitten, etwas über dich zu erzählen. Wir haben ein sehr heterogenes Publikum heute, aber wahrscheinlich werden fast alle irgendetwas über *Marte Meo* wissen. Ich würde dich bitten, noch einmal kurz zu erläutern, wie du zu deiner Methode gekommen bist und was *Marte Meo* ist.

MARIA AARTS (MA) Für diejenigen, die *Marte Meo* noch nicht kennen: 1976 habe ich angefangen, diese Methode zu entwickeln. Eine Mutter, mit der ich gearbeitet habe, hat mich dazu inspiriert. Ich habe zu der Zeit in einem kinderpsychiatrischen Heim gearbeitet, wo die Kinder die ganze Woche über lebten. Ich konnte dort gut mit den Kindern mit Autismus umgehen und mit ihnen in Kontakt kommen. Ich war damals jung und naiv und ich dachte mir, dass ich sehr gut in meiner Arbeit bin und alle mit mir sehr zufrieden sind. Weiter habe ich erst mal nicht gedacht. Das ist so, wenn man jung ist.

Aber eines Sonntagmittags hat die Mutter eines Jungen mit Autismus gesehen, dass ich mit ihrem kleinen Sohn kommunizieren konnte, und hat daraufhin angefangen zu weinen. Sie hat gesagt: »Maria, das ist mein Sohn. Ich bin seine Mama. Wenn du weißt, wie man Kinder mit Autismus erreichen kann, warum bringst du mir das dann nicht bei?« Das ist der Anfang meines Programms gewesen, Informationen zu entwickeln, die für alle Menschen verständlich und im normalen Alltag brauchbar sind und nicht allein in therapeutischen Settings.

Das macht *Marte Meo* für mich aus. Inzwischen sind wir in 53 Ländern vertreten sowie in 29 Berufsgruppen. Wir sind eine internationale Netzwerkorganisation, alle Beteiligten tragen etwas dazu bei. Es ist nicht so, dass ich in den verschiedenen Gebieten selbst Expertin bin. Die Menschen fragen mich nach meinem Wissen dazu, wie man das Alltagsleben verbessern kann, und wollen dies in ihren Bereichen benutzen. Jedes Mal lerne ich neue Anwendungsgebiete kennen. Ich habe nichts fernab der Praxis entwickelt. Ich bin eine praktische Person, durch praktische Übung habe ich etwas gelernt, und wenn ich es selbst konnte, habe ich es an andere Menschen weitergegeben – an Menschen, die auch in der Kinderpsychiatrie oder mit Kindern mit Autismus arbeiten, oder an Eltern, die nicht die Möglichkeit hatten, gute elterliche Fähigkeiten zu entwickeln. So hat sich *Marte Meo* Schritt für Schritt entwickelt.

DR Ich habe direkt zwei Fragen: Für dich wird es ja ganz am Anfang auch nicht so gewesen sein, dass du wusstest, was genau so positiv auf die Kinder mit Autismus gewirkt hat, oder? Das, was du intuitiv gemacht hast, hast du dann analysiert und kategorisiert. Ist das so?

MA Genau. Das ist eine gute Frage. Als ich angefangen habe, haben die Mütter nämlich gesagt: »Sag mir doch, Maria, wie du es machst.« Und ich dachte, das sei eine gute Idee – bis ich bei den monatlichen Wochenendbesuchen bei den Kindern in ihren Familien zu Hause mit dem normalen Alltag konfrontiert wurde. Im Heim hatte ich einen separaten Spielraum, ich konnte in Ruhe in die Welt des Autismus eintauchen. Aber wenn es zum normalen Familienalltag kommt, das wissen wir alle, geschehen allerlei Dinge gleichzeitig: Die Mutter muss sich ums Abendessen kümmern, jemand klingelt, ein anderes Kind braucht etwas, usw. Und dann soll man diese ganzen Informationen noch umsetzen. Ich habe auch festgestellt, dass alle Menschen einen anderen Kopf haben, eine andere Persönlichkeit, also funktioniert es gar nicht, dass ich den Müttern etwas zeige. Ich als Therapeutin musste mich darin üben, die Informationen, die ich hatte, an die Welt der einzelnen Mutter in der jeweiligen Familiensituation einzupassen.

Ich hatte auch noch das Glück – oder das Pech –, dass eine Familie, die ich an einem Sonntag zu Hause begleitet habe, eine sehr wohlhabende Familie war, die in einer Villa lebte. Sie hatten zwei Kinder mit sechs Jahren Altersabstand, alles war so weit in Ordnung. Im gleichen Dorf betreute ich auch noch eine andere Familie, die mit fünf Kindern unter sechs Jahren in einer ganz kleinen Wohnung wohnte. Ich dachte direkt, dass die beiden tauschen sollten: Die einen hatten viel zu viel Platz und die anderen viel zu wenig. Ich musste lernen, wie es auch für die Mutter mit den vielen Kindern funktionieren könnte.

Das andere, was du sagtest, Dirk, war für mich auch ein Problem: Das, was ich intuitiv getan habe, musste ich mir bewusst machen. Darum musste ich schauen: Was mache ich eigentlich? 1976 hatten wir noch keine Videoaufzeichnungen. Inzwischen analysiere ich mich und frage: Warum läuft das so gut? Ich kann im Video genau sehen, warum. Das hat natürlich sehr geholfen zu verstehen, was ich mache. Aber dann bin ich zu dem zurückgegangen, aus dem alle meine Informationen entstanden sind: Ich habe mich zunächst gefragt: Wie habe ich selbst es gelernt?

Meine Eltern haben 14 Kinder. Im Süden von Holland war das in der Generation ganz normal. Meine Mutter hat niemals Pädagogik studiert, und mein Vater hatte ein Bauunternehmen. Woher wussten die beiden eigentlich, wie man Kinder erzieht? Warum sind wir alle gut geraten? Warum haben wir unsere Persönlichkeiten so entwickelt? Ich habe viel mit meiner Mutter gesprochen. Sie war eine sehr weise, kluge, vernünftige Frau. Sie hat gesagt, dass sie nach den ersten drei Kindern alle Träume und Vorstellungen davon, wie wir sein sollten, aufgegeben hat. Danach war es viel einfacher. Ich konnte damals nicht mehr in meiner eigenen Familie mit dem Filmen anfangen, aber alle meine Brüder hatten nach ihrem technischen Studium junge Kinder, und ich dachte mir: Woher wissen sie das? Was machen sie? Warum geht das so gut? Warum verlieben sie sich in die Babys? Wie lernen sie die Babys kennen? Wenn sie zwei Kinder haben, wie lernen sie, mit jedem anders umzugehen?

Dann habe ich zunächst im Familienkreis Filme vom Alltag gemacht, weil man dafür leicht die Zustimmung erhält. In den letzten 40 Jahren habe ich das dann in Tausenden Familien gemacht – in allerlei Kulturen und Familienformen, in sozialen Brennpunktgebieten und bei gut gebildeten Eltern. Da habe ich durch das Anschauen alles gelernt. Die ganze Zeit habe ich alle Interaktionen im Detail analysiert und daraus Basiskonzepte entwickelt, um sie zu benutzen, wenn es Entwicklungsprobleme gibt.

DR Das bringt mich zu verschiedenen Punkten: Deine Mutter hat nach dem dritten Kind gesagt, man soll die eigenen Träume und Vorstellungen aufgeben. Dazu jetzt eine kritische Frage: Du hast ja mit *Marte Meo* schon was entwickelt, was in gewisser Weise normativ ist. Du hast einen Inhalt, eine Vorstellung von Pädagogik und entwicklungsförderlicher Kommunikation entwickelt und auch ein relativ strenges Korsett, wie gearbeitet werden soll – z. B., dass Videos wichtig sind. Es ist natürlich ein Unterschied, ob ich z. B. mit Eltern arbeite, die in ihrer Erziehungsarbeit unterstützt werden wollen, oder ob ich mit Erwachsenen in beraterischen, therapeutischen Settings arbeite. So ähnlich, wie es deine Mutter über das Kinderhaben gesagt hat, kann man auch dabei sagen: sich frei machen von dem, was meine Träume und Vorstellungen für die Klient:innen sind. Ist das nicht ein bisschen ein Widerspruch, dass *Marte Meo* schon sagt »Ich weiß, was für dich gut ist«?

MA Ich bin immer noch stolz auf das, was ich erreicht habe, als ich den innovativen Gesundheitspreis in Australien gewonnen habe für meine Arbeit mit Aborigines-Familien. Es hieß: »Was uns (an *Marte Meo*) so gefällt, ist, dass du dort angefangen hast, wo die Menschen stehen. Du hast gefragt, was sie in ihren Familien entwickeln möchten, und dann hast du deine Methode an die Familien angepasst, und nicht die Familie an das Programm.« Ich sage zu den Menschen, die ich ausbilde, immer: »Pack deine Information in den Hinterkopf und halte dir alles andere frei für diese Situation, dieses Kind, diese Fragen.« Das ist das Schwierigste in der Ausbildung. Es wäre viel einfacher zu sagen: »Wir fangen immer mit dem Blickkontakt an, als Zweites kommt dann jener Schritt usw.«

Was wir eigentlich entwickelt haben, ist, unser Vorgehen erforschbar zu machen. Damit man Forschung machen kann, muss alles gleich sein. Das ist das Letzte, was ich will. Daher ist es auch schwierig, *Marte Meo* zu erforschen. Alles ist ein bisschen abhängig von der Qualität des Therapeuten/der Therapeutin und davon, ob derjenige die Kultur kennt. Deswegen arbeiten wir auch immer mit den Menschen vor Ort. In Australien gibt es Aborigines, die selbst Psychologen sind, und Aborigines, die in Kindertagesstätten arbeiten. Da sind Mütter und Väter aus der Kultur. Ich zwinge mich selbst, dort anzufangen, wo die sind. Aber die Basisinformationen – das finde ich schön – sind eigentlich universell. Ich werde immer gefragt, wie ich in all den Ländern mit all den Kulturen arbeiten kann. Ich war in Indien, dieses Jahr wäre ich in Russland gewesen, das habe ich dann (wegen Corona) digital gemacht. Eigentlich habe ich vor neuen Ländern keine Angst, aber als es dann hieß: digital, habe ich mich schon gefragt, wie ich das machen soll. Wie lerne ich die Menschen kennen, wenn ich sie nicht sehen kann? Dann war ich glücklich, dass vor Ort Filme von russischen Familien gemacht wurden und ich sehen konnte, wie *Marte Meo* mir eingesetzt werden kann.

Da sieht man wieder: Die Basisinformationen sind die Leitgedanken. Die stehen fest. Ich weiß, wenn Menschen sagen, dass sie mehr emotionale Beziehung zu ihren Kindern wollen, dann schaut man immer, wo es bereits emotionale Initiativen vom Kind gab. Können wir die so verstärken, dass die Eltern sie wahrnehmen? Können wir die Eltern darum bitten, das Gesicht zu spiegeln, damit das Kind das Gefühl hat, dass dort ein Moment emotionaler Verbundenheit war? Die Universität von Oregon sagte bei unserer letzten Zusammenarbeit etwas Interessantes: »*Marte Meo* ist das am stärksten evidenzbasierte Programm, was wir gesehen haben.« Wir lassen die Menschen das Basismodell kennenlernen, und diese setzen das dann auf ihre eigene Art um. Dann analysieren wir genau im Detail, wie diese Menschen den emotionalen Anschluss gefunden haben. Dann kann man zählen, wie viele solcher Momente es in einer gewissen Zeitspanne vor und nach der Intervention gibt. Darum ist das so evidenzbasiert.

DR Ja. Du hast eben gesagt, dass es schwierig ist, *Marte Meo* zu erforschen. Ich habe da selbst ein bisschen Erfahrung mit: Es ist einfacher als vieles andere im Bereich Beratung, weil es tatsächlich eine klare Struktur gibt. Man kann etwas Konkretes suchen und finden, es gibt Checklisten und Kommunikationselemente. Das ist ein bisschen einfacher, und ich denke, das ist auch ein Teil des Erfolgs von *Marte Meo*. Es ist auch klarer vermittelbar. Ich habe ein kleines Gegenbeispiel: Ich habe jetzt wieder Irving Yalom gelesen, Erwachsenentherapeut aus den USA. Er sagt, dass er inzwischen schon so erfahren ist, dass er eigentlich kein guter Lehrer mehr ist, weil das, was er macht, intuitiv ist. Da habe ich vorhin schon dran gedacht, als du gesagt hast, dass du versucht hast, die Intuition darüber, was in der Kommunikation hilfreich ist, zu beschreiben.

MA Zu mir kommen für die Ausbildung extra Menschen nach Eindhoven gereist, weil ich sehr auf die persönliche Entwicklung der Menschen achte. In ihrem Examen sollen sie zeigen, wie sie in Prozessen mit Familien erfolgreich waren, sodass man sehen kann: Was war das Problem, was war die Frage, und wie haben sie Schritt für Schritt in einem Prozess darauf reagiert? Sie sollen in Bildern zeigen, dass die Menschen, die um Hilfe gebeten haben, das auch umsetzen konnten. Denn das allein ist das Resultat. Aber die Teilnehmer sagen auch jedes Mal: »Es hat mir so viel gebracht für mein eigenes Leben. Persönlich musste ich so viel Kommunikationsfähigkeit entwickeln. Ich musste lernen, ohne Emotionen hinzusehen, viel besser zuzuhören und besser darauf zu achten, wenn Eltern etwas sagen wollen.« Deswegen sagen wir bei *Marte Meo* immer: ein Bild, eine Teilinformation, die genau zu diesem Bild passt, und ein Dialog mit den Menschen. Und die Menschen, die die Ausbildung machen, sagen, dass es so schwierig sei abzuwarten, was die Eltern sagen, damit diese die eigene Information integrieren können. Doch wenn die Eltern etwas sagen, lernst du sie wieder ein bisschen besser kennen. Wie sprechen sie, wie intelligent sind die Menschen? Man muss dann auch seine eigene Sprache daran anpassen. Es ist sehr viel Flexibilität gefragt.

Viele Teilnehmer sagen, dass sie das auch für ihre eigenen Kinder benutzen oder mit der Schwiegermutter, dem Nachbarn oder dem Ehemann. Da kam ich auf die Idee, ein Learning-Set für normale Menschen zu entwickeln. Auf meiner neuen Website erscheint »Das goldene Geschenk«: Das sind zehn goldene Geschenke an Kinder. Dann sieht man genau, in welchem Moment man die Möglichkeit hat, etwas zu tun, was das Kind unterstützt, und wie das Kind sein ganzes Leben lang davon profitiert.

Zum Beispiel sieht man in einem Filmausschnitt einen kleinen Jungen dabei, wie er Rosinen aus einer Schachtel holt, und er bemüht sich auch noch um die letzte, die ein bisschen festklebt. Sein Papa sagt nicht nur »Toll gemacht, Junge, ich bin stolz auf dich!«, sondern »Du bist so geduldig, du holst die alle da raus«, und man sieht diesen 9 Monate alten Jungen dabei, wie er sich denkt: »So einer bin ich! Das kann ich.« Die Filmausschnitte stammen aus einer ganz normalen Familie, der wir 3 Jahre lang eine 4K-Kamera gegeben haben. Sie haben allerlei normale Alltagsmomente gefilmt, und ich habe analysiert, in welchem Moment sie dem Kind (unbewusst) etwas geben, was ein »goldenes Geschenk« ist. Wenn der Junge das regelmäßig kriegt, hat er die Gelegenheit, sich selbst besser kennenzulernen. Wie schön das ist!

DR Ja, super.

MA Und die zehn goldenen Geschenke. Ich weiß auch nicht, woher der Begriff kommt, er fiel auf einmal vom Himmel. Wenn ich in anderen Ländern auf großen Kongressen spreche, vor vielleicht 6000 Menschen, die mich noch nicht kennen, dann zieht allein dieser Vortragstitel die Zuhörer an.

DR Das will ich auch haben, denken die sich alle. Und ich will es auch verschenken.

MA Genau. Und das Verschenken: Weil *Marte Meo* nun weltweit eine so große Organisation ist, können alle Menschen mitmachen. Es ist ein Konzept. Wenn ich eine Präsentation gegeben habe, geben Menschen mir in einem Goldpapier ein Geschenk. Oder sie sagen: »Du bist heute das goldene Geschenk für uns.« Das finde ich so schön. Alle können damit in einer positiven Art spielen.

DR Es ist wirklich eine schöne Metapher, die dazu anregt, positiv weiterzudenken. Ich habe eine Frage: Du hast auf der einen Seite gesagt, dass man, wenn man *Marte Meo* gelernt hat, das nicht nur in den professionellen Kontexten, sondern auch im Privatleben anwendet. Gleichzeitig ist es eine sehr konkrete Methode. Ein Ergebnis unserer Forschung (du schreibst zu der kommenden Veröffentlichung ja auch das Vorwort) würde ich gerne mit dir besprechen, weil ich nicht weiß, wie du das findest: Auf der einen Seite sagen viele (so, wie du das auch sagst), dass sie das in ihrem (pädagogischen) Alltag verwenden, aber dabei gar nicht so viel mit Video arbeiten.[5] Da habe ich mir gedacht, da wirst du vielleicht auf der einen Seite stolz drauf sein, dass sie die Haltung internalisiert haben, aber auf der anderen Seite vielleicht auch ein kleines bisschen verärgert oder traurig, weil es für dich ja so wichtig ist, tatsächlich an den Bildern mit den Videos zu arbeiten. Wie würdest du das jetzt gerade sagen?

MA Weißt du: Alle Menschen sind frei. Wenn Menschen davon profitieren, wenn sie die Qualität ihrer Hilfe für Menschen verbessern, finde ich das gut. Es gibt immer auch Limits. Es gibt auch Menschen, die das echt gelernt haben, mit der Videointeraktionsanalyse Menschen Schritt für Schritt zu beobachten. Gerald Hüther sagt immer zu mir: »*Marte Meo* wirkt so gut, weil Menschen sich mit einem positiven Standbild eine neue Vorstellung über sich selbst machen können. Das Gehirn kann, wenn man ein Standbild von 10 bis 15 Sekunden hat, das Neue als Möglichkeit erkennen.« Das geht verloren, wenn man keine Videos nutzt. Aber ich kann das auch verstehen: Man kann nicht überall immer mit Video arbeiten. Ich habe in vielen indischen Dörfern rund um Kalkutta gearbeitet, zu einer Zeit, wo es da noch gar keinen Strom gab. Da musste ich einen Akku für die Kamera mitnehmen,

5 Zum Kontext: Wir haben eine große quantitative Studie darüber gemacht, wie *Marte Meo*-Expert:innen arbeiten (Rohr et al. 2020).

um zu filmen. Aber manchmal ging es auch gar nicht. Da habe ich viel von den Müttern vor Ort gelernt, die gar keine Kamera hatten. Eine Kollegin aus Kalkutta, die bei mir in Ausbildung war, hat mir dann gezeigt, wie die Mütter ohne Video trotzdem die *Marte Meo*-Basisinformationen benutzen. Sie hat gefilmt, wie eine Mutter, die von jemandem *Marte Meo* gelernt hatte, den ich in Kalkutta ausgebildet hatte, andere unterrichtet hat. Diese Mutter wohnte in einem Dorf, wo die meisten Mütter nicht lesen oder schreiben konnten. Dann hat sie die Basisprinzipien (dein Kind kennenlernen, Sprachentwicklung unterstützen ...) in etwas Schönes umgesetzt, was ich noch heute benutze: Sie hat eine Gruppe von zehn Müttern zusammengebracht und gesagt: »Alle eure Kinder (Kinder mit Behinderungen) können noch nicht so gut sprechen. Ich habe eine neue Methode gelernt, die meinem Kind sehr geholfen hat. Es hat so viel neue Wörter gelernt! Und nun üben wir das alle.

Das ist eine ganz einfache Übung: Wenn dein Kind etwas tut, musst du die Wörter dazu benennen. So können am besten neue Wörter gelernt werden.« Und dann hat sie das so gemacht: »[klatscht] Er tut, [klatscht] du sagst!« Und dann fragt sie die erste Mutter: »Was tut dein Kind?« – »[klatscht] Das Kind nimmt ein Auto« – »Was sagst du dann?« – »[klatscht] Du nimmst das Auto« – »Sehr gut, die Nächste!«

Wenn in Europa die Menschen sagen: »Ich habe zum dritten Mal versucht, den Eltern das Benennen beizubringen«, dann sage ich: »Nun gehen wir nach der indischen Methode vor. Du sagst nicht mehr als [klatscht]: Was tut dein Kind? [klatscht] Was kannst du sagen?« Damit lebst du dich in die Welt des Kindes ein, du folgst seiner Initiative, du gibst Wörter dazu. Damit kriegt das Kind Unterstützung bei der Sprachentwicklung. Aber das Kind kriegt auch mit: Du bist bei mir. Das ist sehr wichtig, die Natur ist so klug. Ich habe nun 40 Jahre die Natur analysiert. Ich habe gestern noch im Fernsehen gesehen, wie man damals Vögel beobachtet und im Detail analysiert hat, um zu wissen, wie man Flugzeuge entwickeln kann. Und dann dachte ich: Das ist auch ein bisschen das, was ich gemacht hab. 1980 habe ich damit angefangen, intensiv Videos zu benutzen.

Damals war das noch sehr neu, und die Kameras waren sehr groß. Wir waren meistens Frauen im Team, wir mussten Bodybuilding betreiben, um die großen Kameras und die Bänder zu tragen. Die Bänder waren außerdem sehr teuer, und wir wussten noch nicht, dass man in fünf Minuten genauso viel sehen kann wie während einer ganzen Mahlzeit. Wir hatten noch nicht die Struktur, wir mussten alles Schritt für Schritt lernen. Ich habe bei Menschen geschaut, die gut zurechtkommen mit ihren Kindern, wo die Kinder Selbstvertrauen entwickeln und stark werden. Da habe ich beobachtet, was die genau machen.

DR Ich würde gerne mit dir noch über Kontexte sprechen, also darüber, wo *Marte Meo* eingesetzt wird. Die Tagung jetzt heißt »Gelingende Kommunikation mit Kindern und Jugendlichen«. *Marte Meo* wird inzwischen auch in Altersheimen und in der Kommunikation grundsätzlich eingesetzt. Ist *Marte Meo* vor allen Dingen auf Kommunikation fokussiert, wo ein Ungleichgewicht herrscht, ein Verantwortungsgefälle? In der Pädagogik vielleicht bei Kindern, wo ein (Erziehungs-)Auftrag da ist? Würdest du das auch so formulieren?

MA Nein, ich würde das nicht so formulieren. Ich habe ein sehr interessantes neues Projekt in einer psychosomatischen Klinik. Menschen mit psychosomatischen Erkrankungen sind dort in Behandlung, und ich analysiere in deren Alltag, wo es krankmachende Interaktionsmodelle gibt, die die Menschen vielleicht aus einem Trauma oder aus der Kindheit mitgenommen haben. Modelle, die eigentlich krank machen. In der Therapie werden dann gesund machende Interaktionsmodelle eingeübt. Das ist so interessant, das ist ganz neu, es so zusätzlich einzusetzen. *Marte Meo* ist oft etwas Zusätzliches. In der Klinik wird auch systemisch gearbeitet und mit Akupunktur, Yoga und Kunst – alles Dinge, von denen ich nichts verstehe. Ich sage immer: *Marte Meo* ist eigentlich ein kleines Gebiet, von dem ich ganz viel weiß. Von ganz vielem weiß ich gar nichts. Das finde ich auch gut. Ich bin keine Psychiaterin, aber wenn ich mit Psychiatern zusammenarbeite, sagen die, dass sie sehr viel passende, praktische Information von mir erhalten haben. *Marte Meo* gibt es auch im Coaching und in der Organisationsberatung. Das einzige Gemeinsame ist, dass jemand einen Entwicklungsprozess einer anderen Person supervidiert und begleitet. Also eigentlich reden wir von therapeutischen Settings. Und ich bin immer überrascht, wo man *Marte Meo* überall benutzen kann. Das hätte ich vorher nicht gedacht.

Ich weiß noch, dass ich in den 1980er-Jahren versucht habe, mit Eltern zu arbeiten, die drogenabhängig waren. Ich wusste nichts über Drogen. Wenn eine Mutter also ganz enthusiastisch über das war, was ich vorhatte, dann war ich davon begeistert. Ich wusste nicht, dass sie gerade einen guten Schuss gehabt hatte und deswegen so positiv war. Und dann war ich so enttäuscht, dass beim nächsten Mal nichts geschehen ist. Die war doch so enthusiastisch! Ich kam zunächst zu dem Schluss, dass es nicht möglich ist, mit drogenabhängigen Eltern zu arbeiten. Aber dann hat das Ministerium mich angefragt, in Amsterdam eine große Organisation, die schon mit drogenabhängigen Menschen arbeitet, in *Marte Meo* zu schulen. Die waren dann damit erfolgreich. Es hängt also viel davon ab, dass man Kontextwissen hat. Darum sage ich immer: Es ist sehr wichtig, dass Menschen alles aus ihrer Basisausbildung behalten – egal, ob es eine systemische oder psychologische Ausbildung ist oder eine als Krankenschwester. Die Basis muss da sein.

Wir sind allein daran orientiert, Entwicklung im Alltag zu unterstützen. Wir helfen, Möglichkeiten zu entdecken, und wissen, was man einsetzen kann, um die Entwicklungsprozesse zu reaktivieren. Diese Information teilen wir mit den Eltern. Die Zusammenarbeit mit Eltern nennen wir das *Marte Meo*-Einladungsprogramm für Eltern. Das ist auch sehr wichtig. Am Anfang habe ich immer gesehen, dass wir die Kinder mit Autismus vollständig von ihrer sozialen Umgebung isoliert haben. Die Kinder blieben bei uns Fachkräften vor Ort. Und wenn sie wieder zurück müssen? Sie sind entfremdet von ihrer eigenen Umgebung. Wir hatten alles durch Profis ersetzt. Erstens war das sehr teuer und zweitens sehr ineffektiv.

DR Die Frage, welche anderen Sektoren oder Bereiche auch von *Marte Meo* profitieren können, führt uns zum Thema der Weiterentwicklung von *Marte Meo* insgesamt.

MA Auf meiner Website gibt es eine Auflistung von allen Menschen und Bereichen, die *Marte Meo* benutzen: von der Schwangerschaft bis zur Geburt, frühe Hilfen, Elternkurse und so weiter. Was ich nun auch neu entwickle, sind digitale Möglichkeiten wie in Neuseeland. Ich schließe mich Menschen an, die schon etwas anderes entwickelt haben, in diesem Falle *Story Park*. Bei *Story Park* gibt es digitale Elternplattformen, die ganz viele Eltern erreichen. Dafür habe ich dann ein Paket mit »zehn goldenen Geschenken« gemacht. Dann verbreitet sich das. Ich habe in der Zusammenarbeit mit den jungen Menschen dort viel darüber gelernt, wie man etwas digital vermittelt. Deswegen kann ich nun gut meine eigenen Learning Sets entwickeln. Ich habe Sets für alle Berufsgruppen, aber auch Light-Versionen für normale Eltern oder Großeltern. Diese habe ich schon ausprobiert und dabei sehr schöne Rückmeldungen von Omas erhalten, die sagten: »Ich bin eine so viel bessere Oma, ich habe so viele Möglichkeiten und ich genieße die Enkelkinder viel mehr. Ich bin mir bewusst geworden, dass ich die Kinder nicht bespaßen muss, damit sie sich von mir gesehen fühlen.« Diese Light-Versionen sind wie gesagt für normale Menschen, die keine *Marte Meo*-Ausbildung haben, aber davon sehr profitieren können. Es gibt »Zehn goldene Geschenke an deinen Partner mit Demenz« oder »Zehn goldene Geschenke an deinen (normalen) Partner«, »Zehn goldene Geschenke an dein Kind«. Und so baue ich ein ganzes System auf. Deswegen ist es gerade gut für mich, dass Corona da ist, denn normalerweise bin ich nicht so viel zu Hause, sondern reise sieben Monate pro Jahr. So hatte ich also viel Zeit, die Learning Sets zu entwickeln. Meine anderen Learning Sets sind jeweils für ein professionelles Feld.

Ich arbeite mit dem Krankenhaus in Ludwigshafen zusammen an einem Learning Set für Eltern von Frühchen, die konnten vor Ort Aufnahmen machen. Frühchen zeigen so kleine Initiativen, die man zunächst vergrößern und sichtbar machen muss. Im Projekt schauen wir uns die Reaktionen der Eltern an, die ein *Marte Meo*-Training bekommen haben, und fragen, was das gebracht hat. Wir begleiten die Eltern auch, wenn sie zu Hause sind. Ein Kinderarzt hat dabei entdeckt, dass die Eltern, die in *Marte Meo*-Begleitung auf der Frühchen-Station waren, viel sicherer sind und viel seltener mit dem Baby zurück ins Krankenhaus kommen. Weil sie eingeübt haben, welche speziellen elterlichen Fähigkeiten man eigentlich entwickeln muss, um mit einem so kleinen Frühchen und den dazugehörigen Sorgen umzugehen. So sieht man: vom Frühchen über Kita, Eltern in den frühen Hilfen, Elternabende, Hebammen, Schule, Kinder mit auffälligem Verhalten, Sonderschulen, Teenager.

In Südkorea haben wir ein Projekt namens *Making Friends* zur Selbstmordprävention. Zwei Kolleg:innen aus Herne, die sich damit auskennen, machen das aktuell für mich, damit ich erst dahin reise, wenn ich weiß, dass wir genug Menschen vor Ort erreichen. Aber wir machen auch Altenhilfe, Psychiatrie und Psychosomatik.

Außerdem arbeite ich in den letzten zwei bis drei Jahren in einem Thinktank mit Menschen aus Universitäten und Fachhochschulen zusammen, um ein Modul zu gestalten, das in die normalen (akademischen) Ausbildungen passt – damit man dafür keinen *Marte Meo*-Supervisor braucht, was immer zusätzliche Kosten und Aufwand bedeutet. Ich habe angefangen mit der Universität, mit der ich schon am längsten zusammenarbeite, der Universität Trondheim. Da habe ich das *Marte Meo*-Modul nun schon in die Ausbildung für Psychologen integriert. Ich habe das zusammen mit den Menschen vor Ort entwickelt und sie gefragt, welches Material sie eigentlich brauchen, damit die Professor:innen vor Ort das in den Unterricht mitnehmen können. Es geht darum, aufmerksam zu warten, bis eine Initiative entsteht, der Initiative zu folgen, sie zu benennen und zu bestätigen. Sie haben die Module so angelegt, dass die Studierenden das üben können. Von den Studierenden gab es positive Rückmeldungen: »Ich dachte, dass ich darin schon ganz gut wäre, aber wie schwierig ist es, auf eine Initiative vom Kind zu warten!«

Wenn man sich als Erwachsener auf die Welt des Kindes einlässt, kann man es viel angepasster unterstützen. Viele Physio- und Ergotherapeuten, die *Marte Meo* benutzen, sagen: »Früher hatten wir einen Plan, und dann kamen die ersten Fälle, wo die Kinder nicht motiviert waren.« Dann wollten sie das Kind durch Zwang oder Belohnung motivieren. Und dann kamen sie auf die Idee, mehr zu gucken, was das Kind selbst schon versucht mit seinem Körper, und daran anzuschließen. Wenn man anschließt an eine Entwicklungsinitiative – die Natur ist klug –, dann ist da immer ein Energiestrom dahinter. Warum habe ich so viel Energie? Weil ich es unbedingt machen will! Ich will unbedingt, was ich entwickelt habe, in die Welt bringen! Da denke ich mir nicht: Kann ich nicht zu Hause bleiben und wo muss ich nun schon wieder hin? Der Energiestrom ist da, weil da ein Feuer ist. Viele Menschen verlieren aus den Augen, etwas zu machen, was man will.

Ich werde immer gefragt, warum ich so viel Energie habe. Ich denke, dass ich etwas mache, woran ich Interesse habe und wofür ich ein Talent habe. Ich mache es gerne und kann es gut. So bekomme ich die ganze Zeit positive Rückmeldungen. Man kriegt so viel zurück, das nennen wir bei *Marte Meo* »Happ-happ«. Wenn man erfolgreich war mit einem gut passenden Ratschlag und das erkennt, nimmt man sich einen Moment, um selbst emotional zu »essen«. Ich finde die Bildsprache schön, dass man da einen emotional guten Moment auf den Löffel legt und ihn isst und schluckt, sodass er im Bauch bleibt. Dabei kann man sich denken: Bin ich gut oder bin ich gut?

KATHRIN MEINERS Zum Thema passende Ratschläge: Kann man *Marte Meo* da nicht auch eine normative Ausrichtung vorwerfen? Das höre ich immer mal wieder. Man sagt bei *Marte Meo* schon: »Mama, guck hierhin, guck nicht links oder rechts, sondern bitte genau hierhin.« – »Das ist so. Mach dieses, und danach wird es besser, und du wirst Kontakt finden.« Ich selbst habe das immer eher im Sinne von Beispielen aufgefasst, im Sinne von: Ich kann dir zeigen, wie es sein könnte. Und dann muss ich in der Beratung im Dialog entwickeln, ob das für die Eltern anschlussfähig ist. Sonst muss ich neue Bilder suchen, die sie auch erreichen. Würdest du das teilen?

MA Ja, sicher. Es ist eine Kunst, die Basisinformationen im Hinterkopf zu haben und all das Wissen und die Erfahrungen. Als ich in sozialen Brennpunkten gearbeitet habe, konnten lauter unerwartete Situationen entstehen, Gewalt und allerlei andere Dinge, die das Leben innerhalb von wenigen Tagen verändern. Dazwischen sollte ich kleine Momente finden, wo ich einen Rat geben kann. 1980 habe ich Tausende Babys und Eltern sehr intensiv studiert, damit ich die ganze Vielfalt kenne. Und dann kam ich zu einer Mutter in so einem Brennpunktgebiet, und sie hatte ein fünf Wochen altes Baby. Als ich da war, habe ich gesehen, dass sie gar nicht mit ihrem Kind gesprochen hat. Ich musste noch üben, wie man das anspricht. Ich sagte zu der Mutter: »Ah, du kannst zu deinem Baby sprechen.« Und sie sagte: »Über was?« Das klang wie: »Bist du verrückt, wenn er spricht, spreche ich auch, aber er spricht ja gar nicht.« Da dachte ich mir, ich muss es ein bisschen anders angehen. Zu der Zeit waren wir vor Ort in den Brennpunkten und haben allerlei Aktivitäten angeboten, also war ich dort beliebt. Ich sagte: »Weißt du, dafür studiere ich. Ich habe entdeckt, dass, wenn das Baby auf die Welt kommt, alles neu und anders für das Baby ist, das kannst du dir denken.« Ja, das konnte sie verstehen. »Aber wenn es deine Stimme hört, denkt es sich: Die kenne ich noch aus dem Bauch!« – »Ach was, das kann gar nicht sein«, sagte die Mutter. »Willst du es mal für mich versuchen, ja?«, fragte ich. Die Mutter hat mit ihrem Baby gesprochen, und ich habe aufgezeichnet, wie das Baby dachte: Endlich ist jemand da! Die Mutter hat das wahrgenommen und sehr geweint, weil sie sich das vorher nicht vorstellen konnte, dass sie so wichtig für das Baby war. Sie hat direkt gesagt: »Sollen wir die Nachbarn auch einladen? Die haben auch so ein kleines Baby und sprechen nicht mit ihm.«

Man muss ein Gefühl dafür haben, was man wann und wie einsetzt. Es kann in so einer Familie auch wieder alles schiefgehen, es geschehen allerlei unerwartete Dinge. Aber diesen Moment hat die Mutter mitgenommen. Das muss man als Einladung herüberbringen, als Einladung zur Entwicklung. Wir sagen nicht: »Du musst.« Wir sagen in den Reviews immer Dinge wie: »Wenn du diesen Moment benutzen möchtest, um mehr Anschluss zu kriegen, dann könntest du wiederholen, was er gesagt hat. Dann denkt der Junge: Mein Papa hört mich.« Es ist immer eine Einladung, keine Pflicht. Und, wie gesagt, in Oregon waren die Forscher so beeindruckt, dass *Marte Meo* so evidenzbasiert ist, und ich habe tatsächlich aus jeder Aufnahme gelernt, ob etwas wirkt. Wenn man etwas 100.000-mal erfahren hat, dann habe ich keine Zweifel mehr, den Menschen etwas zu raten. Eine serbische Familie mit einem Baby hat mich gefragt, ob ich die beraten könnte. Sie haben zehn Jahre auf das Baby gewartet, und dann ist während der Schwangerschaft und bei der Geburt alles schiefgegangen. Das Baby war erst im Krankenhaus, und als es nach Hause durfte, wussten sie nicht, was sie tun sollen. Wir haben fünf Reviews gemacht, auch wenn sie kaum Englisch gesprochen haben, und sie haben mir das Filmmaterial geschickt. Ich habe sie nur darum gebeten, nicht so aktiv gegenüber dem Baby zu sein, sondern mehr aufmerksam zu warten und dem Baby, wenn es etwas tut, Wörter anzubieten und es die elterlichen Stimmen hören zu lassen. Die Menschen dachten sich: Oh wie kann das sein? Was die Mutter zu mir gesagt hat, finde ich unter dem Aspekt »aus eigener Kraft« so wichtig und schön: »Wir dachten, wir müssen versuchen, diese Frau, die Babyspezialistin, zu kriegen. Du bist unsere Hoffnung.« Und im Abschluss-Review sagte sie dann: »Weißt du, du bist nicht mehr unsere Hoffnung, unser Baby gibt uns nun die Hoffnung, dass alles gut wird.« Durch so etwas lerne ich immer so viel.

DR Sehr schön. Ich würde gerne noch einmal auf die Teenager eingehen. Was ist aus deiner Sicht besonders in der Kommunikation mit Teenagern oder auch in der Anwendung von *Marte Meo* bei dieser Zielgruppe?

MA Wir haben ein schönes Buch darüber gemacht, *Eine Einladung zur Entwicklung*[6], für Kinder von 8–18 in allen Situationen, wo Kinder eine neue Gelegenheit haben, sich selber zu entwickeln. Zunächst einmal muss man über Teenager wissen, dass es bei ihnen viel mehr darum geht, dass die sich selbst entwickeln. Die Kinder und Teenager stärker zu machen hilft immer besser, als die Eltern zu lehren, damit umzugehen. Und ich denke, dass wir auch alle ein bisschen von Teenagern gestresst sind. Die müssen unsere Träume erfüllen. Aber Teenager müssen auch mal verrückte Dinge tun.

Ich kann noch einmal eine Geschichte von meiner Mutter erzählen: Sie hatte noch sieben Teenager, als mein Vater gestorben ist. Da kam ein Nachbar, um meine Mutter zu beraten, weil er dachte, dass da kein Mann mehr im Haus ist. Er hatte gesehen, dass die beiden 16- und 17-jährigen Söhne sich im Bus auffällig verhielten. Er kam also und berichtete, was die beiden gemacht hatten, was für ein auffälliges Verhalten sie gezeigt hatten. Er schaute meine Mutter an und sagte: »Du siehst gar nicht erschrocken aus. Findest du das Verhalten nicht auffällig?« Und da sagte meine Mutter den fantastischen Satz: »Ja, das ist auffälliges Verhalten, aber in der richtigen Zeit ihres Lebens.«

6 Aarts et al. 2014.

Damit habe ich so viele Eltern von Teenagern trösten können: Denkt nicht, die sind so, die probieren nur allerlei Dinge aus. Und wenn sie bis 12 einigermaßen normal waren, dann braucht man sich da nicht so viele Sorgen zu machen. Viele Eltern von Teenagern machen sich sehr viele Sorgen und teilen die Sorgen die ganze Zeit mit dem Kind. Das ist das Letzte, was Teenager wollen, die haben genug eigene Sorgen. Man könnte viel besser auf das eingehen, was gelungen ist, und etwa sagen: »Ah, wie schön, dass du daran gedacht hast, mir auch eine Tasse mitzubringen.« Solche kleinen Dinge. Meine Mutter hatte Glück, dass sie schon sieben Teenager vorher großgezogen hatte und das Endergebnis kannte. Sie konnte beruhigt sein und wusste immer, dass alles wieder in Ordnung kommt. Auffälliges Verhalten zur richtigen Zeit ihres Lebens.

Und ein zweiter Punkt ist: Das Training für Teenager – zum Beispiel unser Projekt in Basel für Teenager mit Schulproblemen oder ein Gefängnisprojekt in Dublin. Oder das Projekt *Making Friends* in Südkorea. In diesen Projekten trainieren wir die Teenager in Kommunikationsfähigkeit. Sie lieben es! Sie können sich selbst um die Technik kümmern und die Filme schneiden. In unserem Buch *Eine Einladung zur Entwicklung* sieht man die Filmausschnitte, wie man das macht, auf DVD. Wenn man den Prozess verfolgt, sieht man, wie viel die Jugendlichen aus den Interaktionsanalysen gelernt haben und wie sie ein gutes Bild davon bekommen haben, was sie schon können. Das sieht man auch in unseren anderen Projekten mit Teenagern in Heimen. Die haben natürlich nicht die besten Chancen. Die haben auch keine normale Erziehung gehabt.

Man sieht auch, wie junge Menschen mit Autismus davon profitieren können. Auch die lieben die Videoanalyse – dieses Technische, dass man klar weiß: Wenn ich meine Mama besser kennenlernen möchte, könnte ich zuhören, worüber sie spricht. Sie zwingen sich dann selbst, einige Fragen dazu zu stellen, um in die Welt von jemand anderem einzutauchen. In Amerika machen wir große Trainingsprojekte für junge Menschen mit Autismus und das mit großem Erfolg. Ich denke, dass man mit Teenagern einen Film machen sollte und dann eine Entwicklungsdiagnose mittels der Checkliste stellen, wie in dem Buch *Das goldene Geschenk*. Dort gibt es eine Checkliste über Kommunikationsfähigkeiten, auf der man nachschauen kann, ob der Teenager das schon kann. Teenager, die das noch nicht entwickelt haben oder denen die Spielfähigkeiten fehlen, die sie viel früher hätte entwickeln sollen, können nicht mitmachen und stören dann in der Gruppe. Die hören nicht gut heraus, worüber jemand spricht, schließen nicht an das Thema an und werden dadurch isoliert. Und so benutzen wir *Marte Meo* in der Entwicklungsunterstützung als Direkttraining mit den Teenagern.

DR Das ist interessant. Das werden wir auf der Tagung dann hoffentlich im Gespräch mit Ben und Haim auch sehen. Da gibt es einen kleinen Unterschied: Ich glaube, Haim hat eher den Fokus auf Eltern und elterliche

Autorität, Ben ausschließlich auf Kinder und *Marte Meo* hat die Möglichkeit, sowohl mit Eltern als auch mit Teenagern zu arbeiten.

MA Aber eigentlich kombiniert man alles. Viele moderne Eltern geben ihre Macht ab. Sie lassen die Kinder bestimmen, und die Kinder spüren das. Das ist eigentlich viel früher entstanden. Ich habe auch neue Filme über »positiv Leiten«, es geht darum, dem Kind dabei zu helfen, dass es macht, was man machen muss – das nenne ich positiv Leiten. Da sieht man ein Beispiel, wie eine Mutter ihren Sohn trainiert, durch schwierige Situationen zu gehen. Sie lässt ihm gar keinen Raum dafür, dass man auch weglaufen könnte. Es ist unangenehm? Wir machen weiter! Es fängt natürlich viel früher an. Im Teenagerprojekt sieht man, dass von 100 Teenagern, die ich analysiert habe, beinah 90 dabei waren, die nicht gelernt haben, Leitung zu akzeptieren. Wenn ein Lehrer etwas sagt, was ihnen nicht gefällt, hauen die ab. Wenn eine Freundin etwas sagt, hauen die ab. Wie verläuft das weitere Leben dann?

DR Oder ist das die Rebellion zum richtigen Zeitpunkt?

MA Nur, wenn die Kinder bis 12 normal waren. Nicht die Teenager, die schon immer schon Probleme hatten, die Heimkinder, da muss man gucken: Hat man da in der Sonderschule oder in der Therapie etwas gemacht, sodass das Kind stärker geworden ist, haben wir seine Entwicklung aktiviert oder haben wir kompensiert? Haben wir den hyperaktiven Kindern einfach alle Reize weggenommen? So sieht die Welt da draußen nicht aus. Ich frage immer zuerst: Hat das Kind sich bis 12 normal gut entwickelt und kam in Kindergarten und Schule gut zurecht? Wenn es vorher schon ein Drama war, liegt viel Arbeit vor uns, und es wäre vielleicht noch mehr nötig als *Marte Meo*. Vielleicht das Konzept von Haim oder das von Ben? Darum muss alles kombiniert werden, allein für die Entwicklung der Teenager, um sie selbst stärker zu machen.

Als ich 1980 mit Teenagergruppen angefangen habe, habe ich die erst dadurch motiviert, dass ich gesagt habe, wir machen einen Kurs, in dem sie lernen können, wie man ein Mädchen »rumkriegt« und an sich binden kann. Das wollten die wissen! Immer darauf achten, was das Mädchen sagt, dazu dann Fragen stellen, dann denkt sich das Mädchen: Ah, er ist an mir interessiert, wir können uns gut unterhalten. So haben die Jugendlichen das geübt. Dann kommen Menschen ins Spiel, die mit Teenagern arbeiten, und auch hier ist es wieder das Gleiche: Was diese Menschen schon wissen, lassen wir. Wir schauen allein, ob sie irgendwo *Marte Meo* einsetzen können. Wenn die als Fachpersonen das einsetzen, ist es viel besser, als wenn ich das einsetze. Wenn wir die Mitarbeiter im Gefängnis (unser Projekt in Dublin) darin trainieren, dann hat man damit viel bessere Resultate – natürlich auch, weil ich ja nicht vor Ort bleibe. Ich hatte am Anfang ja schon Angst, dass die mich nicht mehr da rauslassen, da musste mein Mann mich schon beruhigen. Ich konnte das Schlüsselklappern auch nicht gut ertragen.

DR Noch zwei weitere (kritische) Fragen, die ich Haim und Ben auch stellen werden. *Marte Meo* lebt auch von dir als Person, Maria. Du bist charismatisch, das sind Ben und Haim auch, und ihr drei habt die Konzepte jeweils entwickelt. Du sagst selbst, dass du dann alleine nach Australien oder in andere Länder fliegst. Wenn ich dich jetzt ungefragt beraten würde: Was ist hilfreich, damit *Marte Meo* in 50 Jahren auch noch ein gängiges, aktuelles, sich selbst immer weiter entwickelndes Konzept ist? Ist es eventuell so, dass es dafür ein kleines bisschen unabhängiger von dir werden sollte?

MA Ja, ich weiß, worauf du hinauswillst. Ich habe darüber auch schon nachgedacht. In den letzten vier bis fünf Jahren habe ich schon gedacht, ich werde auch immer älter. Ich bin glücklich, ich habe noch viel Energie. Meine Mama war 96, als sie gestorben ist, also habe ich noch viele Jahre. Aber ich verstehe das auch. Erstens meine ich mit aus eigener Kraft auch wirklich aus eigener Kraft. Auf meiner neuen Website wird für jedes Land aufgeführt sein, welche Projekte es vor Ort gibt, was die Menschen vor Ort selber machen. Dann sieht man so schöne Vorbilder wie das aus Nordschweden, sie haben einen Hierarchie-Baum gestaltet, wo die höchsten Angestellten die Wurzeln sind, sie sitzen nicht oben. Das finde ich so genial. Die Wurzeln müssen den Baum füttern. Dann haben sie für ganz Nordschweden aufgeführt, was sich schon sehr gut in *Marte Meo* entwickelt hat (aus eigener Kraft, denn ich bin nicht mehr vor Ort!). Was schon gut funktioniert, haben sie mit dunkelgrünen Blättern versehen, was sich noch weiterentwickeln muss, ist hellgrün. Ich habe immer darauf geachtet, wenn ich ein Land intensiv trainiert habe, dass es danach aus eigener Kraft weitermachen kann. Ich bin dann vielleicht nur noch einmal im Jahr da und berichte auf einem großen Kongress über neue Entwicklungen. Was ich dabei immer tue, ist, dass die Leute vor Ort vormittags selbst zeigen, was sie erreicht haben. Zweitens habe ich darüber nachgedacht, und darum habe ich die Learning Sets entwickelt, wie ich mein Wissen genau so hinterlassen kann, wie ich es gemeint habe. All die Learning Sets (*Marte Meo* in der Kita, im Krankenhaus, in der Altenhilfe usw.) sind Filme mit der 3W-Interaktionsanalyse »When? What? Why?«. Mein letztes Buch, *Das goldene Geschenk*, ist für mich das klarste und deutlichste Buch, was ich geschrieben habe. Ich habe bei auffälligen Verhaltensweisen erklärt, was eigentlich die Entwicklungsbotschaft dahinter ist, und habe dann die drei Ws, »Wann? Was? Wozu?« als Geschenk für die Therapeut:innen dabei. In den letzten fünf Jahren arbeite ich (zunächst mit den Ländern, in denen ich schon am längsten bin: Dänemark, Schweden, Norwegen) mit den Universitäten zusammen und mache dort Module, die jeder Professor und jede Professorin benutzen kann, ohne dass man mich dafür braucht. Ich habe mir schon viele Gedanken darüber gemacht.

DR Ja, das führt mich zu meiner allerletzten Frage. Ich bin in vielen Beratungsverbänden. Deren Zertifizierung ist auch eine Art Korsett dafür, was allgemein anerkannt wird. In diese Vorgaben passt die *Marte Meo* Weiterbildung oft nicht rein, das hat Vor- und Nachteile. Viele von denen, die *Marte Meo* anwenden, haben aber vorher schon eine andere Beratungsausbildung gemacht. Das ergänzt sich an der Stelle auch.

MA Ich bin auch nicht gerne in einem Korsett. Ich mache mir da keine Sorgen, Qualität überwindet den Markt. Letztes Jahr habe ich in Amerika angefangen, und auch da sind wieder so viele interessierte Institute, die *Marte Meo* kennenlernen möchten. Ich schaue in jedem Land, wo eigentlich die Geld-, Macht- und Ausbildungsströme sind. Es gibt auch mal Leute, die Vorbehalte haben, aber das finde ich auch in Ordnung. Ich habe genug Interessenten und genug zu tun. Ich würde da keine Energie reinstecken. Auch wenn man mich für einen Posten im Beirat anfragt, sage ich, dass ich in solche Treffen keine Energie reinstecken will, weil ich das langweilig finde. Das tötet meine Kreativität. Benutzt ihr ruhig *Marte Meo*, aber ich werde so etwas nicht tun. Ich will in Freiheit weiterarbeiten und mich nicht zu irgendwelchen Treffen verpflichten. Ich sehe das bei ganz vielen anderen bekannten Menschen, die ich nach fünf Jahren erneut auf einem Kongress treffe, und die benutzen die gleiche PowerPoint-Präsentation wie damals. Da frage ich mich: Haben die in fünf Jahren nichts mehr dazugelernt? Da will ich sicher nicht ankommen.

DR Das ist gut. Deswegen freue ich mich schon wieder auf unsere nächste Tagung. Danke für das Gespräch.

2.3 Forschung

von Dirk Rohr

Einleitend möchte ich kurz erwähnen, dass ich selbst keine *Marte Meo*-Weiterbildung absolviert habe. Ich bin in diesem Sinne durchaus ein »neutraler Forscher« – oder vielleicht ein »critical friend«.

Marte Meo ist ein klassisches Beispiel für Forschung und Theorie, die aus der Praxis hervorgehen und ihr folgen; hierfür müssen wir Forscher:innen zuerst die Erfahrungen zusammenfassen, die die Praktiker:innen und Familien gemacht haben. Wir müssen besser verstehen, wie das Programm implementiert wird, wie es von den Praktiker:innen und den Adressat:innen gesehen wird und inwieweit die Variabilität bei der Implementierung ein Vorteil oder ein Nachteil bei der weiteren Entwicklung des Programms sein kann. Daher zielt dieses Kapitel darauf ab, dieses wichtige und bisher unerforschte Thema aufzugreifen, wie die *Marte Meo*-Methode in der Therapie und Beratung tatsächlich genutzt wird? Wer nutzt *Marte Meo* in der beruflichen Praxis? Welche Funktion und welche Bedeutung hat *Marte Meo* in der allgemeinen Praxis und speziell in Beratung und Therapie? Was sind typische Anliegen, Ziele oder Anwendungsbereiche?

Im Folgenden geben wir einen kurzen Überblick über ein laufendes Mixed-Methods-Forschungsprojekt mit *Marte Meo*, das im Jahr 2015 begonnen wurde und bis 2021 andauerte. Es wird von meiner Frau Kathrin Meiners (TH Köln) und mir (Dirk Rohr, Universität zu Köln) geleitet. Die inhaltlichen Ergebnisse werden in zwei Publikationen ausführlich beschrieben (Rohr u. Meiners 2021; Rohr et al. 2020).

Das Design des *Marte Meo*-Projekts hat fünf Phasen: Zuerst führten wir eine systematische Literaturrecherche durch und analysierten den Stand der bestehenden Forschung (Phase 1). Sie wird hier kurz dargestellt. Die gestufte qualitative Forschung bestand aus der Konzeption, Durchführung und Auswertung von halbstrukturierten Interviews mit Eltern und *Marte Meo*-Beraterinnen (Phase 2) und der darauf aufbauenden Konzeption, Durchführung und Auswertung von Videobeobachtungen, die Alltagssituationen in Kindertagesstätten abbilden und zur Untersuchung des Ablaufs und der Wirkungen von *Marte Meo*-Interaktionselementen auf Kinder dienen (Phase 3). Die Kombination dieser qualitativen Analysen war dann die Grundlage für die Entwicklung eines Online-Fragebogens, mit dem wir quantitative Daten zum aktuellen Einsatz von *Marte Meo* in der Praxis durch Fachkräfte erheben konnten (Phase 4). Dies mündete in die letzte Phase, in die abschließende Auswertung (Phase 5). Die quantitative Befragung hat diese Ergebnisse bestätigt und ergänzt.

Stand der Forschung

Worum dreht sich die wissenschaftliche Diskussion in der *Marte Meo*-Forschung? Unter den veröffentlichen, empirischen Studien ließen sich im Hinblick auf den untersuchten Anwendungskontext drei Forschungsstränge identifizieren: Der erste Forschungsstrang beinhaltet vier Studien, die den Einsatz von *Marte Meo* in der Versorgung demenzerkrankter Patient:innen untersuchen. Ein zweiter Forschungsstrang fokussiert mit weiteren vier empirischen Studien auf den *Marte Meo*-Beratungsprozess an sich, verwendet als Zielgruppe *Marte Meo*-Berater:innen und beleuchtet Supervisionserfahrungen und förderliche Merkmale von Therapeut:innen. Der letzte und größte der drei Forschungsstränge untersucht den Einsatz von *Marte Meo* bei problematischen Interaktionen von Kindern oder Jugendlichen mit ihren Bezugspersonen. Der Großteil dieser 12 Studien betrachtet ein leibliches Elternteil als Interaktionspartner:in mit dem Kind/Jugendlichen. Nichtsdestotrotz untersuchten zwei Studien die Betreuer:in-Kind-Interaktion in einer Heimeinrichtung und in Adoptivfamilien. Eine Studie wählte dabei eine kombinierte Herangehensweise und setzte *Marte Meo* in Interaktionen sowohl mit Eltern als auch Lehrkräften in Vor- und Grundschulen ein. Zielgruppen waren darüber hinaus – mit Blick auf das Kind in der Interaktion – Kinder (3–12 Jahre) mit Verhaltensauffälligkeiten und Säuglinge. Als Bezugsperson wählten einige Studien als Zielgruppe geschiedene Väter und belastete Mütter indigener australischer Herkunft und Mütter mit postnatalen Depressionen.

Fast alle Studien nannten Effektstärken und machten damit die untersuchten Effekte empirisch transparent. Dennoch bieten die genannten Evidenzen aufgrund der kleinen Fallzahlen nur Richtwerte und bedürfen weiterer Forschung.

Datenanalyse

In diesem Kapitel werden wir uns auf die vierte Phase – unsere eigene, quantitative Studie – konzentrieren. Zielgruppe der quantitativen Studie anhand von Online-Fragebögen waren Personen, die *Marte Meo* in ihrer praktischen Arbeit (z. B. in der täglichen Arbeit, Beratung, kollegialem Austausch, Supervision etc.) einsetzen. An der Online-Befragung nahmen 253 Proband:innen teil. Die Studie lieferte eine Vielzahl von deskriptiven Ergebnissen über den Einsatz von *Marte Meo* in der Praxis. Wir werden im Folgenden nur exemplarische Befunde darstellen.

Zertifizierungsstufen

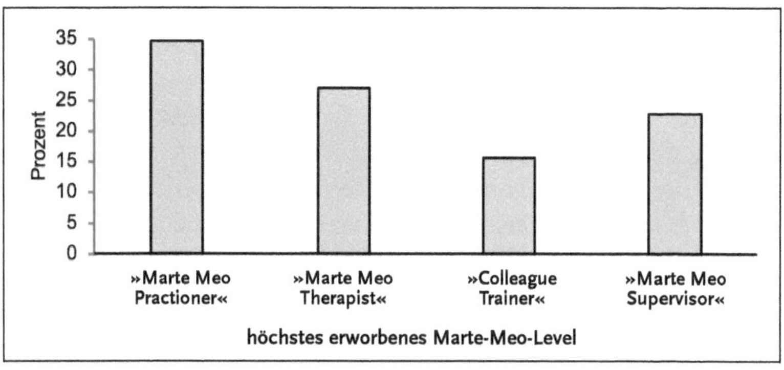

Abb. 2: Verteilung höchster erworbener Marte-Meo-Level in Prozent

Abbildung 2 beschreibt die Verteilung der höchsten erworbenen Zertifizierungsstufen: Ein gutes Drittel der Teilnehmer (N = 211) erwarb das Level des *Marte Meo* Practitioner (N = 73), ein weiteres knappes Drittel den *Marte Meo* Therapist (N = 57), etwa 15 % den *Marte Meo* Colleague Trainer (N = 33) und etwa 23 % den *Marte Meo* Supervisor (N = 48).

Anwendungskontext

Wo Mehrfachnennungen möglich waren, fand sich der Einsatz von *Marte Meo* in folgenden Tätigkeiten (s. Abb. 3): 29,2 % im pädagogischen Alltag, 26,1 % in der Beratung, 20,0 % zum kollegialen Austausch, 9,31 % in der Lehre, 8,1 % als Supervisor und 7,4 % in der Therapie.

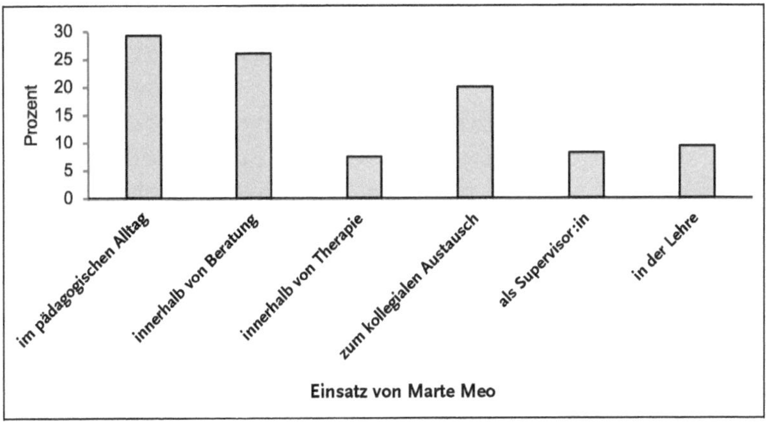

Abb. 3: Allgemeine Anwendungskontexte von Marte Meo in Prozent.

Bewertung der Relevanz von *Marte Meo*-Elementen

In der *Marte Meo*-Arbeit konstatierten alle Expert:innen jedem Interaktionselement eine mittlere bis sehr hohe Relevanz (s. Abb. 4). Das Element »Initiativen benennen« wurde am häufigsten als »sehr hoch« relevant eingestuft, gefolgt von »Initiativen wahrnehmen, »Initiativen bestätigen«, »Leiten/Führen« und »Abwechseln«. Auch die Relevanz der Metaelemente wurden im Durchschnitt als »sehr hoch« bewertet.

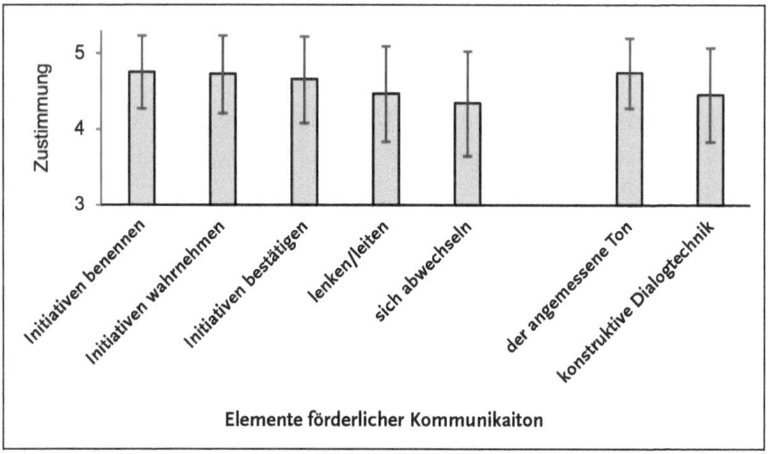

Abb. 4: Stärke der empfundenen Relevanz von Marte Meo-Basiselementen sowie Metaelementen förderlicher Kommunikation

Abbildung 5 zeigt die berichteten Veränderungen im pädagogischen Alltag durch die *Marte Meo*-Ausbildung. Die Beobachtungsweise auf die Klient:innen sowie das pädagogische Verhalten habe sich im Mittel »sehr stark« verändert.

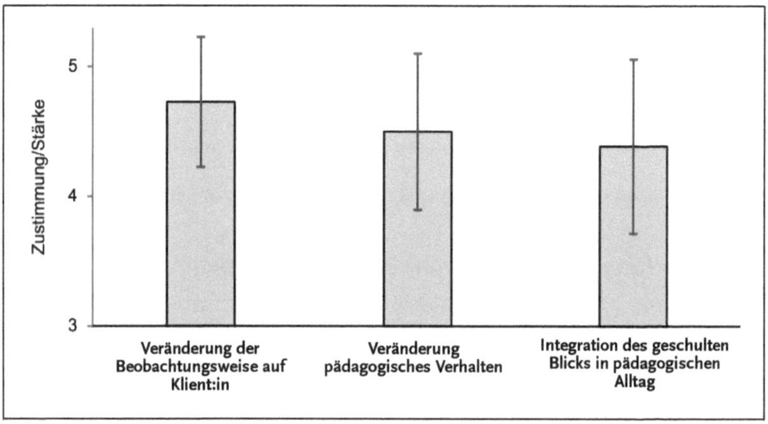

Abb. 5 Zustimmung/Stärke der Veränderungen im pädagogischen Alltag durch Marte Meo

Zur Vorbereitung auf das Review setzte die große Mehrheit der Proband:innen eine Videointeraktionsanalyse ein (69,4 % mit starker Zustimmung, 25,2 % »eher« zustimmend). Die Checkliste wurde dabei von 46,9 % der Befragten als »eher hilfreich« und von 30,2 % als »sehr hilfreich« empfunden. 80 % der Expert:innen gaben an, mit der Anwendung von *Marte Meo* in ihrer Praxis im Allgemeinen zufrieden zu sein (41,1 % »sehr hoch«, 38,1 % »hoch«).

Grenzen der Studie

Die Ergebnisse und Grenzen unserer Studie haben einige Implikationen für Forschung und Praxis. Mit dem Ziel, aussagekräftigere Ergebnisse zur Anwendung von *Marte Meo* in Beratung und Therapie zu erhalten, wäre es wünschenswert, eine internationale und insgesamt heterogenere Stichprobe zu erheben, die verschiedene Personengruppen (Klient:innen, andere Betroffene oder Expert:innen anderer Methoden etc.) umfasst.

Bei der Frage »Welche Weiterentwicklung braucht die Methode?« wiesen die Aussagen der Expert:innen stark auf den Wunsch nach einer wissenschaftlichen Fundierung der *Marte Meo*-Methode hin. Die Befragten erhofften sich von einer verstärkten wissenschaftlichen Erforschung der Wirksamkeit dieser Methode in verschiedenen Anwendungsbereichen eine höhere Akzeptanz und damit einhergehend eine Finanzierung der Methode durch öffentliche Stellen. Die Passung der Wirkfaktoren nach Grawe[7] zu den Grundprinzipien von *Marte Meo* legt weitere Folgestudien nahe, um Aussagen über die Wirksamkeit der Methode zu treffen. So wäre es beispielsweise interessant, die Selbstaussagen der Expert:innen zum Nutzen von *Marte Meo* mit objektiven Verhaltensdaten der Klienten zu korrelieren und inferenzstatistisch abzusichern. Ein konkretes Kriterium hierfür könnte die erhöhte Rate an beobachtbaren *Marte Meo*-Elementen (förderliche Interaktion) sein, die in Videoaufzeichnungen über mehrere Beratungssitzungen hinweg sichtbar und hörbar angewendet wurden (Bünder 2011). Darüber

7 Mit Bewusstsein über die Existenz vieler anderer Wirkfaktortheorien (vgl. Übersicht von Pfammatter, Junghan u. Tschacher 2012) wird hier ausschließlich auf die von Grawe (1995; 1998) aufgestellten Wirkfaktoren eingegangen, da diese interessanterweise auf zentrale Prämissen und Ziele des *Marte Meo*-Konzepts anzuwenden sind bzw. sich bei *Marte Meo* wiederfinden lassen (Hawellek 2014). Außerdem soll sich die Erhebung der vorliegenden Arbeit primär auf Aktivitäten, Erfahrungen und Einschätzungen von *Marte Meo*-Expertinnen beziehen und nicht direkt auf die deren Klient:innen (vgl. z. B. Orlinsky, Ronnestad u. Willutzki 2004). So scheint Grawes Modell, welches primär Wirkfaktoren seitens der Berater:innen und nicht seitens Ratsuchender fokussiert, an dieser Stelle hinreichend (Schubert, Rohr u. Zwicker-Pelzer 2019).

hinaus wäre eine gezielte Untersuchung von möglichen Faktoren für die Wirksamkeit von *Marte Meo* denkbar. Die Ergebnisse der vorliegenden Studie deuten darauf hin, dass die meisten Expert:innen nicht ausschließlich *Marte Meo* verwenden und in der Regel eine *Marte Meo*-Ausbildung zusätzlich zu anderen Weiterbildungen (z. B. eines systemischen oder klientenzentrierten Ansatzes) absolviert haben. *Marte Meo* scheint zu verschiedenen Ansätzen zu passen. Weitere mögliche Faktoren für die Wirksamkeit von *Marte Meo* könnten daher die Erfahrung, das Wissen oder die Fähigkeiten der Expert:innen sein. Mehr als jede:r fünfte Befragte gab an, selbst Kinder zu haben. Auch dieser Faktor könnte ein Moderator für die Wirkung der in Anspruch genommenen Beratungsangebote von *Marte Meo* sein. Obwohl *Marte Meo* in den unterschiedlichsten Kontexten häufig in Kombination mit anderen Methoden eingesetzt wird, scheint es insgesamt wenig Forschung über die Wirkung des kombinierten Einsatzes zu geben. Hier wäre es interessant, kontextspezifische Informationen darüber zu erhalten, welche Kombinationen von Methoden für welche Anliegen und Kontexte wirksam sind.

Fazit

Die Ergebnisse deuten auf eine hohe Vielfalt in der Anwendung von *Marte Meo* bei insgesamt hoher Zufriedenheit der Expert:innen hin. Zu fast einem Drittel wird *Marte Meo* im pädagogischen Alltag eingesetzt, gefolgt von Beratung, Austausch mit Kolleg:innen, Unterricht, Supervision und Therapie. *Marte Meo* wird u. a. häufig mit dem systemischen Ansatz kombiniert, weil er flexibel genug ist und den Expert:innen je nach ihrer individuellen Persönlichkeit viel Spielraum in ihrem Vorgehen lässt.

Die Ergebnisse der Arbeit zeigen, dass die Durchführenden *Marte Meo* als vorteilhaft wahrnehmen. Die Expert:innen berichteten von mehr Freude und Erfolg bei ihrer Arbeit. Besonders im pädagogischen Kontext scheint der tägliche, ressourcenorientierte »*Marte Meo*-Blick«, der durch die Schulung geschärft wurde, wesentlich zu sein, da er ein Bewusstsein für die Bedürfnisse der Interaktionspartner:innen und die förderlichen Interaktionselemente schafft. Darüber hinaus scheint für einige Befragte die Anwendung von *Marte Meo* nicht auf die berufliche Praxis beschränkt zu sein, sondern drückt sich in einer allgemeinen humanistischen Haltung gegenüber zwischenmenschlichen Beziehungen aller Art aus.

3 *Ich schaffs!*

von Ben Furman

3.1 Einführung in das Konzept

Was ist das *Ich schaffs!*-Programm?

Alle Kinder stehen im Laufe ihrer Entwicklung immer wieder einmal vor Herausforderungen. Bei manchen Kindern ist das mit Schwierigkeiten verbunden, sie entwickeln Ängste, Wutanfälle oder Lernschwierigkeiten auf bestimmten Gebieten. Im Normalfall kommen und gehen solche Schwierigkeiten auch wieder. Manchmal aber scheint es so, als würden sie sich festsetzen – und dann fangen die Erwachsenen, die für das Kind sorgen, an, nach Lösungen zu suchen. Und dafür brauchen sie Ideen.

Das *Ich schaffs!*-Programm bietet solche Ideen. Es ist eine Methode, mit der Kinder Schwierigkeiten positiv und konstruktiv überwinden können, indem sie neue Fähigkeiten erlernen.

Ich schaffs! wurde ursprünglich im finnischen Tageszentrum Keula für Kinder zwischen 4 und 7 Jahren entwickelt. Es zeigte sich aber sehr schnell, dass dieser Ansatz auch für ältere Kinder geeignet ist. Die Prinzipien von *Ich schaffs!* sind in der Tat ziemlich unabhängig vom Alter. Der Ansatz lässt sich leicht modifiziert ebenso verwenden, um Teenagern oder selbst aufgeschlossenen Erwachsenen zu helfen, ihre Schwierigkeiten zu bewältigen.

Das *Ich schaffs!*-Programm besteht aus 15 aufeinanderfolgenden Schritten. Beim Lesen dieser Einführung werden Sie sich vielleicht fragen, wie eng Sie sich an das Programm halten sollten, wenn Sie mit Kindern arbeiten. Vielleicht fragen Sie sich auch, ob es entscheidend ist, alle Schritte in den Prozess mit einzubeziehen, und ob Sie alle Schritte genau in der beschriebenen Reihenfolge durchführen müssen.

Wenn jemand Tanzstunden nimmt, wird er/sie vielleicht seinen Lehrer oder seine Lehrerin fragen, ob es besser sei, auf der Tanzfläche zu improvisieren, oder ob man bei den Schritten bleiben sollte, die man gelernt hat. Tanzlehrer:innen werden ihren Schüler:innen üblicherweise raten, mit den Schritten anzufangen, die sie gelernt haben, und erst dann mit dem Improvisieren zu beginnen, wenn sie sich beim Tanzen locker und sicher fühlen, mit anderen Worten, wenn sie sich im Einklang mit dem Rhythmus des Tanzes fühlen. Erst dann sollten der Tänzer:innen anfangen zu experimentieren, die Schrittfolge verändern, ein paar Schritte auslassen oder sogar neue Schritte in den Tanz einbauen.

Dieses Prinzip gilt auch für *Ich schaffs!*. Wenn Sie mit den einzelnen Schritten vertraut sind und ein Gefühl für das Programm entwickelt haben, können Sie anfangen zu improvisieren, um Ihre eigene Art zu entwickeln, wie Sie die Ideen anwenden können – sei es bei Ihren eigenen Kindern oder den Kindern und den Familien, mit denen Sie arbeiten. Denken Sie dabei daran, dass es sich bei *Ich schaffs!* nicht um eine weitere neue Erziehungsmethode handelt, die Ihnen vorschreibt, was Sie mit Ihren Kindern tun oder lassen sollen. Im Gegenteil: *Ich schaffs!* ist wie ein Floß, auf dem Sie zum anderen Ufer des Flusses übersetzen können, dorthin, wo Sie Ihre Kreativität ausschöpfen und wieder Spaß haben können – also diese zwei so entscheidenden Faktoren für Menschen, die Kindern bei der Bewältigung von Herausforderungen bzw. bei den damit verbundenen Schwierigkeiten helfen.

Probleme in Fähigkeiten verwandeln

Daniel, ein 6-jähriger Junge, fiel durch sein problematisches Verhalten auf. Er weigerte sich, wie alle anderen auf die Toilette zu gehen, und machte stattdessen in die Hose. Seine Eltern hatten alles Mögliche versucht, um ihm zu helfen, aber vergebens. Daniel litt selbst unter dieser Entwicklungsverzögerung. Die anderen Kinder mieden ihn, und er wurde nur selten eingeladen, bei seinen Freunden zu spielen. Auch auf eine Ferienfreizeit zu fahren kam erst gar nicht infrage.

Nichtsdestotrotz fing Daniel im Sommer kurz vor seinem 7. Geburtstag an, wie alle anderen auf die Toilette zu gehen. Eines Tages sprach seine Mutter ihn darauf an.

»Du weißt ja gar nicht, wie froh ich bin, dass du jetzt gelernt hast, regelmäßig auf die Toilette zu gehen«, sagte sie. »Ist das nicht auch für dich schön?«

»Ja, klar«, sagte Daniel und fuhr fort: »Es hat eine ganze Weile gedauert, aber zum Schluss habe ich es dann gelernt.«

Diese Geschichte illustriert die Grundidee von *Ich schaffs!*. Wenn Kinder sich weigern, auf die Toilette zu gehen, und stattdessen in die Hose machen, denken Erwachsene üblicherweise, dass dies ein Symptom einer tieferliegenden Störung ist. Aber Daniel war da anderer Meinung. Seine Worte »Zum Schluss habe ich es dann gelernt« zeigen, dass es für ihn einfach eine Fähigkeit war, die alle Kinder erlernen müssen – mit dem einzigen Unterschied, dass er dazu eben länger brauchte als die anderen.

Ich schaffs! basiert auf dem Gedanken, dass Kinder eigentlich keine Probleme haben. Probleme werden definiert als Fähigkeiten, die sie noch nicht erlernt haben. Anders ausgedrückt: Die meisten Schwierigkeiten, mit denen Kinder zu tun haben – Ängste, schlechte Angewohnheiten, Schlaf- und Ess-Störungen, Probleme beim Urinieren und beim Stuhlgang eingeschlossen –, sehen wir als noch nicht ausgebildete Fähigkeiten an. Kinder können diese Schwierigkeiten überwinden, indem sie die damit korrespondierende Fähigkeit erlernen.

Im *Ich schaffs!*-Programm beginnen wir den Prozess der Problemlösung damit, dass wir die Probleme in Fähigkeiten »verwandeln« – das heißt, wir bewegen uns von der Wahrnehmung eines »Problems« weg hin zu einem Bewusstsein der Fähigkeit, die erforderlich ist, um das Problem zu überwinden. Diesen Schritt nennen wir »verfähigen«. Wenn wir eine Fähigkeit identifiziert haben, die das Kind erlernen muss, damit sich das Problem auflöst, können wir anfangen, über Fähigkeiten zu sprechen anstatt über Probleme. Schließlich ist der Gedanke, eine Fähigkeit zu entwickeln, für Kinder viel attraktiver und motivierender als die Vorstellung, eine Schwierigkeit überwinden zu müssen.

Die Motivation aufbauen

Wenn man sich mit einem Kind darüber geeinigt hat, welche bestimmte Fähigkeit es entwickeln sollte, heißt das aber noch lange nicht, dass das Kind auch motiviert ist, diese zu erlernen. Es kann sein, dass noch das eine oder andere zu tun ist, um die Motivation des Kindes aufzubauen. Wir können beispielsweise das Kind auffordern, der nötigen Fähigkeit einen Namen zu geben, oder dem Kind helfen zu erkennen, welche Vorteile das Erlernen hätte, oder mit ihm frühzeitig Pläne schmieden, wie es feiern kann, wenn es die Fähigkeit erlangt hat. Zusätzlich können wir noch dafür sorgen, dass es mehrere Menschen in seinem Umfeld gibt, die willens sind, das Kind zu unterstützen und ihm beim Erlernen der Fähigkeit zu helfen.

Die Fähigkeit üben

Wenn wir das Kind erfolgreich motiviert haben, die Fähigkeit zu erlernen, dann ermutigen wir es, diese zu üben. Wir zeigen ihm auch einen geeigneten Weg, die Fähigkeit zu üben, und stellen sicher, dass es viel positives Feedback bekommt, wann immer es übt und die Fähigkeit zeigt.

Lernen geschieht selten linear, und daher müssen wir auch auf Rückschläge gefasst sein – das heißt Zeiten, in denen das Kind die erlernte Fähigkeit vorübergehend verliert und das problematische Verhalten zurückkehrt.

Das Lernen verstärken

Wenn das Kind seine Fähigkeit erlernt hat, geben wir ihm zu Ehren ein Fest. Vorher schlagen wir ihm noch vor, allen Menschen zu danken, die es unterstützt haben oder die ihm geholfen haben. Als ein weiterer wichtiger Schritt des Prozesses versuchen wir auch, dem Kind eine Gelegenheit zu verschaffen, die neu erlernte Fähigkeit an jemand anderes weiterzugeben. Zum Schluss einigen wir uns dann gemeinsam mit dem Kind auf die nächste Fähigkeit, die es erlernen möchte.

Die Geburt von *Ich schaffs!*

Mitte der 1990er-Jahre kontaktierten mich zwei kreative Sonderschullehrerinnen, Sirpa Birn und Tuija Terävä, und baten mich, ihr Supervisor zu werden. Diese beiden Frauen arbeiteten im Tageszentrum Keula, einer Sonderschule für Kinder mit speziellem Förderungsbedarf. Sie waren außerordentlich engagiert bei ihrer Arbeit mit den Kindern und Familien. Ich traf mich kurz darauf mit Sirpa und Tuija, um zu diskutieren, wie ich sie am besten unterstützen kann. In dieser Besprechung kamen wir auf folgende Idee: Ich würde nicht als ihr Supervisor in der üblichen Form (mit regelmäßigen Sitzungen zur Besprechung ihrer Fälle) fungieren, sondern wir würden gemeinsam eine Methode entwickeln, die Probleme zu lösen, vor denen Kinder stehen. Diese Methode könnten wir dann jedem beibringen, der Ideen braucht, um Kindern bei der Überwindung ihrer Schwierigkeiten zu helfen. Diese Zusammenarbeit führte dann zur Geburt dessen, was wir später *Ich schaffs!* nannten.

Die Ziele

Am Anfang des Projekts setzten wir uns eine Reihe klarer Ziele. Zunächst wollten wir eine Methode entwickeln, die effektiv und nützlich für die Arbeit mit vielen Themen ist, die Kinder betreffen. Die Methode sollte sich für die Lösung der alltäglichen Schwierigkeiten genauso anbieten wie für die ernsteren Probleme, für die professionelle Helfer:innen zurate gezogen werden, die sich auf Kinder mit besonderen Bedürfnissen spezialisiert haben.

Die Methode sollte zielgerichtet und leicht zu verstehen sein. Denn uns war wichtig, dass jede:r, der/die sich um Kinder kümmert, sie anwenden kann und aus ihr einen Nutzen ziehen kann. Sie sollte in verschiedenen Umgebungen wie zu Hause, in Schulen, Kindergärten, Familienberatungsstellen, Heimen etc. einsetzbar sein.

Wir wollten auch, dass die Methode von den Kindern angenommen wird. Über die Jahre habe ich bei meiner Arbeit mit Kindern die Überzeugung gewonnen, dass wir die uneingeschränkte Mitarbeit des Kindes brauchen, wenn wir Ergebnisse erzielen möchten. Aus diesen Gründen war es für uns wichtig, dass unsere Ideen auch kindgerecht (wirksam) waren und dass Kinder die Methode ansprechend finden.

Aber es reichte uns nicht, dass die Kinder die Methode mögen. Wir wollten auch, dass die Eltern sie schätzen, und wir wollten mit ihr die Beziehungen zwischen den Erwachsenen, die sich um ein Kind kümmern, verbessern. Dies verlangte, dass die Methode auf dem Grundgedanken basiert, nicht irgendjemanden für die Schwierigkeiten des Kindes verantwortlich zu machen, sondern stattdessen jeden als Ressource anzusehen. Alle diejenigen, die dem Kind nahestehen, sollten als Unterstützer:innen gelten, die auf die eine oder andere Art dem Kind können, die angestrebte Fähigkeit zu erlernen.

Diese Ziele hatten wir zu Beginn unserer Arbeit vor Augen. Wir trafen uns alle paar Wochen und entwickelten Ideen, die Sirpa und Tuija mit ihren Kollegen im Tageszentrum Keula dann ausprobierten. Auch mein Kollege Tapani Ahola arbeitete an der Entwicklung der Ideen mit. Schritt für Schritt, nach einigen geglückten und auch weniger gelungenen Versuchen, konnten wir ein 15-Schritte-Programm aufstellen, das wir dann *Ich schaffs!* nannten.

Ich schaffs! *wird erwachsen*

Nun, da *Ich schaffs!* nicht nur bei uns in Finnland, sondern auch in anderen Ländern weithin Akzeptanz gefunden hat, können wir sicher behaupten, dass wir die Ziele erreicht haben, die wir uns ursprünglich für das Programm gesetzt hatten. Es funktioniert gut, die Kinder sind begeistert, und die Eltern stehen ihm uneingeschränkt positiv gegenüber. *Ich schaffs!* hat positive Auswirkungen auf die Beziehung der Eltern untereinander, und wenn es in Schulen oder anderen Einrichtungen zum Einsatz kommt, unterstützt es die Zusammenarbeit zwischen den dort Beschäftigten und den Eltern. Am wichtigsten ist aber, dass die *Ich schaffs!*-Methode so einfach ist, dass jede:r sie anwenden kann: sowohl Eltern und Lehrer:innen als auch andere Menschen, die von Berufs wegen Eltern helfen, deren Kinder Probleme zu bewältigen haben.

Ich schaffs! erfordert ein Umdenken

Ich schaffs! ist zwar eine einfache Methode, die Anwendung ist aber nicht ganz so einfach, wie es zunächst aussehen mag. Mit dieser Methode zu arbeiten erfordert von uns ein Umdenken, und ihre Umsetzung ist mit einigen Anstrengungen verbunden.

Die westliche Psychologie lehrt uns, dass die Probleme bei Kindern von Umweltfaktoren wie z. B. der Beschaffenheit der Familie, dem Umgang miteinander und der Erziehung herrühren. Diese Denkweise führt dazu, dass Eltern anfangen, sich gegenseitig die Schuld zuzuschieben, wenn ihre Kinder vor Problemen stehen. »Das kommt davon, dass du ihm immer nachgibst« oder »Kein Wunder, dass sie so ist. Du musst sie ja ständig antreiben« oder »Auf unserer Seite der Familie hatten wir nie solche Probleme«. Das gleiche Phänomen – »Blamestorming«, wie es manchmal genannt wird – zeigt sich auch, wenn Kinder in der Schule Schwierigkeiten haben. »Er wäre sicher besser in der Schule, wenn Sie Interesse an seinen Hausaufgaben zeigen würden«, könnte eine Lehrerin im Gespräch mit den Eltern sagen. Die Eltern würden normalerweise die Worte der Lehrerin als Anschuldigung verstehen und im Gegenzug antworten: »Er war letztes Jahr viel besser in der Schule, als er noch eine andere Lehrerin hatte!«

Ich schaffs! verhindert »Blamestorming«. Wenn wir mit dieser Methode arbeiten, verbringen wir nicht so viel Zeit damit, die Ursache für das Problem des Kindes herauszufinden. Stattdessen lenken wir den Fokus auf das, was das Kind lernen muss, und vermeiden somit diese typischen fehlersuchenden und anschuldigenden Gespräche, die für traditionellere Ansätze beim Umgang mit Schwierigkeiten in der Kindheit charakteristisch sind.

Dennoch möchte ich herausstellen: Das bedeutet nicht, dass wir vor der Tatsache die Augen verschließen, dass es auch viele negative Einflüsse der psychosozialen Umwelt auf das Kind geben kann. Im Gegenteil: Dadurch, dass *Ich schaffs!* den Fokus darauf legt, Kindern zu helfen, Fähigkeiten zu erlernen, hat dies gleichzeitig auch positive Auswirkungen auf das Umfeld, in dem das Kind aufwächst. *Ich schaffs!* bringt Menschen dazu, am gleichen Strang zu ziehen. Es hilft Erwachsenen und anderen Kindern, das betreffende Kind stärker zu unterstützen, und bietet jedem, der dem Kind dabei hilft, seine Fähigkeit zu erlernen, die Gelegenheit, dass er oder sie sich wichtig und nützlich fühlen kann.

Ich schaffs! fordert uns auf zu überdenken, wie wir mit Kindern umgehen. Traditionell wurden Kinder als Zielobjekte elterlicher und schulischer Erziehung oder therapeutischer Beratung gesehen. Das heißt nicht, dass Kindern nie erlaubt wurde, an den Diskussionen über sie teilzunehmen – das schon. Der Knackpunkt dabei ist aber, dass Kinder bislang wenig Möglichkeiten hatten, sich selbst dazu zu äußern, wie ihre Schwierigkeiten beseitigt werden sollen. Das ist bei *Ich schaffs!* ganz anders. Hier werden die Kinder nicht als Zielobjekte erwachsener Interventionen gesehen, sondern sie werden als gleichwertige Partner behandelt, von denen man erwartet, dass sie sich an allen sie betreffenden Entscheidungen beteiligen.

Eltern ist es oft peinlich zuzugeben, dass ihre Kinder Probleme oder Schwierigkeiten haben. Sie schämen sich. Wenn sie mit anderen Eltern in der Schule oder mit professionellen Helfern über die Schwierigkeiten sprechen, tun sie das meist hinter verschlossenen Türen. Im Gegensatz dazu zeichnet sich *Ich schaffs!* durch Offenheit aus. Sobald das Problem in eine Fähigkeit verwandelt worden ist, die das Kind zu erlernen hat, kann man offen über die Fähigkeit und den Lernprozess sprechen. Der Vorteil dieser Offenheit ist es, dass jeder, Erwachsene wie die Freunde des Kindes, daran mitarbeiten kann, das Kind beim Erlernen der Fähigkeit zu unterstützen.

Uns als Eltern hat man bisher die Ansicht vermittelt, dass wir uns an Expert:innen wenden sollten, wenn ein Kind Schwierigkeiten hat: Diese untersuchen das Kind dann und schlagen eine Therapie vor. Expert:innen wird man zwar immer brauchen, aber *Ich schaffs!* sucht nach einem anderen Handlungsablauf. Ziel ist, das Wissen um die Lösung von Problemen der Kinder denen zu vermitteln, die es am meisten brauchen – den Eltern, Lehrer:innen, Betreuer:innen und all den anderen Menschen, die sich in erster Linie damit beschäftigen, Kindern und ihren Familien zu helfen. Mit der *Ich schaffs!*-Methode zu arbeiten bedeutet, sich nicht routinemäßig auf Expert:innen zu verlassen und gleichzeitig zu akzeptieren, dass die besten Schlüssel zu einer Lösung tatsächlich in unseren eigenen Händen liegen.

Die 15 Schritte des Programms

Schritt 1: Probleme in Fähigkeiten verwandeln

Finden Sie zunächst selbst heraus, welche Fähigkeit das Kind erlernen muss, um das Problem zu überwinden.

Schritt 2: Sich auf eine zu erlernende Fähigkeit einigen

Besprechen Sie sich mit dem Kind und einigen Sie sich mit ihm darauf, welche Fähigkeit es zuerst erlernen möchte.

Schritt 3: Den Nutzen der Fähigkeit herausfinden

Helfen Sie dem Kind dabei zu erkennen, welche Vorteile es hat, diese Fähigkeit zu erlernen.

Schritt 4: Der Fähigkeit einen Namen geben

Fordern Sie das Kind auf, der Fähigkeit einen Namen zu geben.

Schritt 5: Eine Kraftfigur aussuchen

Lassen Sie das Kind ein Tier oder eine andere Figur auswählen, die ihm dabei helfen wird, die Fähigkeit zu erlernen.

Schritt 6: Helfer einladen

Veranlassen Sie das Kind, eine Reihe von Menschen dazu einzuladen, seine Helfer zu werden.

Schritt 7: Vertrauen aufbauen

Helfen Sie dem Kind dabei, Selbstvertrauen und Zuversicht aufzubauen, dass es die Fähigkeit erlernen wird.

Schritt 8: Die Feier planen

Planen Sie mit dem Kind schon frühzeitig, wie gefeiert werden soll, wenn es die Fähigkeit erlernt hat.

Schritt 9: Die Fähigkeit beschreiben

Bitten Sie das Kind, Ihnen zu beschreiben und zu zeigen, wie es sich verhalten wird, wenn es die Fähigkeit erlernt hat.

Schritt 10: Öffentlich machen

Informieren Sie die Menschen in seinem Umfeld darüber, welche Fähigkeit das Kind gerade erlernt.

Schritt 11: Die Fähigkeit üben

Einigen Sie sich mit dem Kind darüber, wie es die Fähigkeit üben wird.

Schritt 12: Erinnerungshilfen erfinden

Bitten Sie das Kind, Ihnen zu sagen, wie es möchte, dass die anderen reagieren, wenn es einmal seine Fähigkeit vergisst.

Schritt 13: Den Erfolg feiern

Wenn das Kind die Fähigkeit erlernt hat, ist es Zeit, zu feiern und ihm eine Gelegenheit zu geben, allen Menschen zu danken, die es dabei unterstützt haben.

Schritt 14: Die Fähigkeit an andere weitergeben

Ermutigen Sie das Kind dazu, die neue Fähigkeit einem anderen Kind beizubringen.

Schritt 15: Zur nächsten Fähigkeit übergehen

Einigen Sie sich mit dem Kind darauf, welche nächste Fähigkeit es erlernen möchte.

3.2 Dirk Rohr im Gespräch mit Ben Furman

DIRK ROHR (DR) Ich würde sagen, du stellst dich selbst kurz noch mal vor und erzählst, was dir wichtig ist und vielleicht sogar schon, woran du gerade arbeitest. Magst du einfach beginnen, Ben?

BEN FURMAN (BF) Gerne. Ich bin ursprünglich Arzt, genauer gesagt Erwachsenen-Psychiater. Aber ich habe meine Ausbildung in der Familientherapie gemacht. Damals hat man noch Familientherapie dazu gesagt, heute sagt man dazu systemisch. In meiner Ausbildung bin ich auch auf den lösungsfokussierten Ansatz gestoßen, und diese Richtung hat mir so gut gefallen, dass ich viele Jahre mit der lösungsfokussierten Psychologie gearbeitet habe. Ich denke, diese Methode ist so einfach, dass sie alle Menschen lernen können, nicht nur Berater:innen, Psycholog:innen und Psychotherapeut:innen, sondern auch Lehrer:innen, Kindergärtner:innen und Eltern. Alle Menschen können vom lösungsfokussierten Ansatz profitieren. Das ist ein bisschen wie Coaching.

Ich bin immer noch motiviert, diese Ideen zu verbreiten, davon zu erzählen und darin auszubilden. Ich mache auch Videos und Computerprogramme – alles, was man tun kann, um diese Ideen in der Gesellschaft zu verbreiten. Heute Morgen habe ich in unserer größten Zeitung einen Leserbrief über die Einmaltherapie eingereicht. Ich weiß nicht genau, wie man das auf Deutsch nennt. Aber die Idee ist, dass man ein kurzfristiges einmaliges Angebot schafft, eine schnelle Version von Psychotherapie ohne monatelange Wartezeiten, welche dann nur ein oder zwei Mal stattfindet. Die Forschung hat gezeigt, dass dieses Vorgehen sehr effektiv ist. So viele Leute profitieren sehr von nur ein oder zwei Sitzungen – man könnte dazu »Fast-Food-Therapie« sagen. So viele Leute sind damit zufrieden. Das könnte sehr hilfreich sein, weil es in vielen Ländern so schwer ist, Psychotherapie zu bekommen. Eine Therapie kostet viel, und es ist unmöglich, alle Leute zu versorgen. Ich bin dahingehend immer noch ein bisschen politisch aktiv.

DR Du hast auch viele Bücher geschrieben und inzwischen machst du auch viele Online-Kurse. Richten sich deine Kurzfilme dabei eher an Eltern, an Fachpersonal oder an beide?

BF Ich arbeite am Kurzzeittherapie-Institut in Helsinki, Finnland, und wir bieten Ausbildungen an. Unsere längere Ausbildung dauert vier Jahre, ähnlich wie die systemische Ausbildung in Deutschland. Und dann haben wir kürzere Ausbildungen im Programm, die nur ein Jahr lang sind. Hauptzielgruppe sind Psychotherapeut:innen, Psycholog:innen, Berater:innen und so weiter, aber über die Jahre haben auch wir, wie viele andere, unsere Zielgruppe erweitert. Jetzt gehören auch Lehrkräfte, Führungskräfte, Eltern – gewöhnliche Leute – dazu. Man hat herausgefunden, dass diese Coaching-Ideen funktionieren.

DR Jetzt haben wir dein Programm bei der Tagung vielleicht ein bisschen zu eng gefasst, wir haben es nur *Ich schaffs!* genannt. Das ist, glaube ich, das Programm von dir, was in Deutschland am bekanntesten ist. Ich weiß gar nicht, ob das in anderen Ländern auch so ist. Du hast aber am Anfang gesagt, dass es dir insgesamt um einen lösungsorientierten Ansatz geht. Wie würdest du das, was du machst, selbst beschreiben: als Methode, Modell oder Ansatz? Oder ist dir diese Unterscheidung gar nicht so wichtig?

BF Ich mag den Begriff »Ansatz«, denn es handelt sich bei *Ich schaffs!* um mehr als nur eine Methode. Wenn Menschen eine neue Methode lernen, konzentrieren sie sich erst mal auf diese. In der Anwendung merken sie dann aber sehr schnell, dass dahinter eigentlich ein Ansatz steht. Nach den

Ich schaffs!-Workshops sind einige Leute zu mir gekommen und haben gesagt: »Das ist eine gute Methode, die funktioniert!« Einmal habe ich dann beispielsweise gefragt: »Ah, du arbeitest mit Kindern?« – »Nein, nein, ich arbeite gar nicht.« – »Ah, ich verstehe, du hast diese Methode mit deinen eigenen Kindern ausprobiert?« – »Nein, ich habe keine eigenen Kinder« – »Aber mit wem dann? – »Mit meinem Mann – das funktioniert sehr gut!«

DR Man kann die Methode also auch übertragen, meinst du?

BF Ja, denn es ist eigentlich keine Methode. Und ich habe in der letzten Zeit probiert, diesen Ansatz, diese Idee zu erklären. Auf Englisch sagt man auch »Mindset«. Das kann man auch auf Deutsch so sagen. Diese Idee von einem Mindset finde ich passend. In der Arbeit mit Kindern gibt es zwei verschiedene Mindsets: eines heißt »Regeln«. Man denkt, wir brauchen Regeln, besonders Kinder brauchen Regeln. Und wenn es Regeln gibt, muss es auch Konsequenzen geben, wenn die Kinder diese Regeln brechen. Und das ist ein Mindset, eine Art und Weise zu denken. Und die andere Möglichkeit könnte ein Fähigkeitsdenken sein, ein Fähigkeits-Mindset. Dieses Fähigkeits-Mindset ist ein bisschen anders, es stehen nicht die Regeln im Mittelpunkt, sondern die Frage: Was musst du lernen, damit du gut zurechtkommst?

Ich nehme als Beispiel das Melden: In der Schule sollen die Kinder sich melden. Das ist einerseits eine typische Regel: Wenn du etwas zu sagen hast, dann sollst du dich melden. Man kann andererseits aber auch sagen: Melden ist eine Fähigkeit. Aber wenn man es als Regel ansieht, dann muss man automatisch an Bestrafung und Konsequenzen denken. Man geht davon aus, dass dabei andere Teile des Gehirns aktiviert werden, als wenn man an Fähigkeiten denkt. Bei Fähigkeiten denkt man als Nächstes daran, wer helfen kann, was schon gelernt wurde und was es für Fortschritte gibt oder geben wird. Ich denke, dass diese Idee eines Ansatzes oder eines Mindsets uns helfen könnte zu verstehen, worum es geht. Bei *Ich schaffs!* geht es nicht um die Methode, es geht um eine andere Art zu denken.

DR Vielleicht würde man im Englischen dann auch Attitude sagen, auf Deutsch also so etwas wie eine Einstellung. Das ist ein schönes Beispiel, Ben. Aber ich würde gerne noch einmal versuchen, einen Schritt zurückzugehen. Was würdest du sagen: Reden wir hier von einem pädagogischen Ansatz oder Modell, einem Beratungsmodell oder von beidem?

BF Es geht mir um Erziehung und um die Art und Weise, in der wir kommunizieren. Ich denke da an verbale Kommunikation: Wie sprichst du mit deinem Gegenüber? Wenn Kinder zum Beispiel etwas tun, was sie nicht tun sollen, dann spricht man mit ihnen. Dann sagst du entweder: »Du sollst nicht!« Oder du sagst: »Da gibt es noch etwas zu lernen« und »Kann ich dir helfen?« Es gibt immer Situationen im Leben – am Arbeitsplatz, mit unseren Kindern, mit unseren Liebsten, in der Ehe, mit unseren Partner:innen, mit unseren Nachbar:innen – wo andere Menschen sich nicht so verhalten, wie wir uns das wünschen. Und dann, wenn jemand etwas getan hat, was für uns nicht okay ist, müssen wir miteinander sprechen. Und ich denke, dass dabei alle Menschen von Zusammenarbeit, »colloborative problemsolving«, profitieren können. Also »Wir lösen dieses Problem zusammen« statt »Ich versuche, dich durch Bestrafung, Lob, Kritik, Schimpfen, Konsequenzen oder Belohnung zu verändern«. Solche verhaltenstherapeutischen Ideen sind allerdings sehr verbreitet im Schulsystem und im Arbeitskontext: »Ich gebe dir mehr Geld, wenn du machst, was ich sage.« – »Ich nehme dir dein Handy weg, wenn du nicht machst, was ich sage.« In unserer Gesellschaft sind wir dieses bestrafungsorientierte oder sagen wir verhaltenstherapeutische Denken sehr gewohnt. Das Lösungsfokussierte ist an dieser Stelle ein bisschen anders, man denkt eher: »Lass uns zusammen Lösungen finden. Mithilfe eines guten Gesprächs finden wir gemeinsam eine Lösung, anstatt dass ich alleine bestimme, wie ich mit dir umgehe.«

DR Wenn jetzt zum Beispiel Eltern zu dir kommen, arbeitest du dann erst einmal nur mit den Eltern oder direkt mit Kindern und Eltern zusammen? Gibt es da eine allgemeine Regel?

BF Das ist eine gute Frage. Ich habe auf einer Konferenz gesprochen, wo das Thema Familientherapie war. Das erweckte bei vielen den Eindruck, dass die *Ich schaffs!*-Methode eine Familientherapie sei. Ja, mein Ansatz kommt aus der Familientherapie, aber er ist keine familientherapeutische Methode. Die Frage, die ich stelle, ist vielmehr, wie kann man Kindern helfen? Mit Freund:innen, mit der Familie, mit dem Onkel, mit der Oma, mit anderen Menschen. Hier liegt der Unterschied zwischen Netzwerkarbeit und Familientherapie. Familientherapie ist immer stark auf die Kernfamilie konzentriert. Wir sind hingegen mehr daran interessiert, wie wir Kindern helfen können und wer dabei unterstützen kann. Oft sind das natürlich die Eltern, aber es können auch andere Menschen sein. Vielleicht ist es bei Teenagern zum Beispiel nicht so gut, mit den Eltern zu arbeiten. Vielleicht ist es besser, mit Freund:innen zu arbeiten oder mit der Tante, dem Onkel oder mit der Oma. Die Idee ist, dass man mit verschiedenen Menschen arbeiten kann. Vielleicht ist die Bezeichnung Familientherapie an dieser Stelle nicht so passend, weil man dann schnell denkt, dass etwas mit der Familie nicht stimmt und diese eine Therapie braucht. Wir denken eher daran, dass andere Menschen sie unterstützen und an den Problemen eines Kindes mitarbeiten können.

DR Ah, okay. Ich glaube, in der systemischen Familientherapie war das am Anfang sogar eine Art Dogma »Es muss die ganze Familie kommen, sonst arbeiten wir gar nicht«.

BF Genau. Das ist heutzutage ganz anders. Ich – und auch andere – sehen die Familie inzwischen eher als eine Ressource. Und andere Menschen sind auch Ressourcen. Auch die Lehrkraft kann eine Ressource sein. Ich werde oft gefragt, wie man diesen Ansatz nutzen kann, wenn die Eltern gar nicht zur Zusammenarbeit fähig sind. Dann sag ich: »Aber es gibt sicher Freund:innen.« – »Aber wenn es keine Freund:innen gibt?« Dann kann ich nur sagen: »Wenn es um ein Problem in der Schule geht, dann kann man mit Gruppen arbeiten und dadurch Unterstützung von anderen einholen.« Es gibt immer jemanden, der dir helfen kann. Und ich denke, dass es Menschen sehr schwerfällt, ihr Leben ohne die Unterstützung von anderen zu verändern. Natürlich ist das oft die Familie, aber es können auch irgendwelche anderen Menschen sein.

DR Du hast bei *Ich schaffs!* auch Literatur für verschiedene Zielgruppen und Kontexte geschrieben, zum Beispiel speziell für Lehrerinnen und Lehrer. Meine kritische Frage an dieser Stelle ist: Ist es aus deiner Erfahrung heraus hilfreich, dass es konkrete Schritte gibt, die man abarbeiten kann? Und gleichzeitig: Wie viel Freiraum gebt ihr euren Weiterbildungsteilnehmer:innen, ihr Vorgehen der Situation anzupassen?

BF Natürlich hoffe ich, dass alle meine Vorschläge viel Platz für Kreativität lassen und dass jeder Mensch seine eigene Version umsetzt. So sollte das sein. Aber ich denke, es handelt sich eigentlich um eine supereinfache Idee. Denn was bedeutet »lösungsfokussiert«? Es gibt verschiedene Definitionen, meine Definition ist: Man spricht mehr mit den Menschen und fokussiert sich dabei mehr auf Ziele anstatt auf Probleme.

Menschen sind es gewohnt, Problemgespräche zu führen, alle Menschen lieben Problemgespräche. Aber wenn du die Möglichkeiten hast, diese Konversation zu lenken, kannst du den Leuten helfen, über Ziele statt über Probleme zu sprechen. Das ist hilfreich. Die Schlüsselfrage ist immer: »Was willst du stattdessen?« Ich frage: »Du bist müde, was willst du stattdessen?« – »Ich will Energie haben.« Jemand sagt: »Ich streite mit meiner Frau« – »Was willst du stattdessen?« – »Ich will gut mit meiner Frau umgehen.« Ich sage oft: Hinter jedem Problem gibt es ein Ziel. Und das finde ich irgendwie witzig, weil man ja traditionell sagt: Hinter jedem Problem gibt es ein anderes Problem. Wir denken hier ein bisschen praktischer: »Was willst du? Okay, ich verstehe, diese Situation ist sehr schwer, was ist dein Ziel? Was wäre ein gutes Resultat? Was wünschst du dir? Was willst du haben?« Und in *Ich schaffs!* haben wir diese Idee ein bisschen umformuliert, weil es hilfreich ist, wenn man Fähigkeit statt Ziel sagt. Denn das Ziel ist oft eine Fähigkeit.

Man fragt also, welche Fähigkeit das Kind lernen soll. Das erleichtert die Kommunikation. Und wenn du mit einem Kind vereinbart hast, welche Fähigkeit es lernen soll, dann ist die nächste Frage natürlich die nach der Motivation. Wie kannst du Kindern helfen, Fähigkeiten zu lernen? Das ist dann Pädagogik, nicht wahr? Wie hilft man Kindern, Fähigkeiten zu lernen? Wie hilft man Kindern, eine Sportart zu lernen oder Geigespielen? Es geht um das gleiche Prinzip, die gleiche Psychologie wie beim Geigespielen. Du brauchst positive Rückmeldung, du brauchst Aufmerksamkeit, du brauchst einen Plan, wie du lernen sollst, du brauchst einen Lehrer oder eine Lehrerin. Man kann von diesem Denken profitieren und erkennen, dass unsere Probleme keine Probleme sind, sondern nur Fähigkeiten, die wir lernen sollen. Dann ist die nächste Frage die Motivation.

DR Ja, sehr spannend. Ich habe noch eine zweite kritische Frage, Ben. Haben wir nicht fast immer mehrere Ziele gleichzeitig? Also, ich habe zum Beispiel das Ziel, mein Kind zur Selbstständigkeit zu erziehen, aber gleichzeitig möchte ich, dass es den Müll rausbringt. Deswegen will ich vielleicht, dass es jetzt gerade den Müll rausbringt und nicht stattdessen selbstständig etwas anderes tut. Ist das nicht auch eine gewisse Reduktion von Komplexität in dem Modell? Wie geht man damit um, wenn sich unterschiedliche Ziele zeigen? Ich selbst habe mehrere unterschiedliche Ziele in mir, und wenn man dann die Partnerin oder die Kollegin mit dazu nimmt, dann ergeben sich mindestens drei bis fünf verschiedene Ziele.

BF Genau so ist das. Wenn in einem Beratungsgespräch der Fokus auf den Problemen liegt, dann merkt man schnell, dass es nicht nur ein Problem gibt. Es gibt eine Reihe von Problemen: Familienprobleme, Erziehungsprobleme, Verhaltensprobleme, Selbstwertprobleme. Kinder können Probleme mit Mobbing, mit Angst, mit Depression oder mit schlechten Angewohnheiten haben. Menschen haben viele Probleme, nicht nur eins. Und wenn man über Ziele spricht, dann ist das auch automatisch so, dass es viele Ziele gibt. Die Eltern haben Ziele, aber auch die Lehrerin und das Kind. Es gibt mehrere Ziele, nicht nur eins. Wie entscheidet man sich dann?

Sich auf ein Problem, welches fokussiert werden soll, zu einigen ist schwer. Oft entsteht ein großer Konflikt, denn jede Person hat eine eigene Idee, über welches Problem man zuerst sprechen soll. Einer geht davon aus, dass dieses eine Problem die Ursache für jenes andere Problem sei. Und eine andere Person sieht das vielleicht genau andersherum. Aus dieser Komplexität entsteht ein Streit darüber, welches Problem zuerst an der Reihe ist. Aber wenn du über Fähigkeiten oder Ziele sprichst und eine Liste der Ziele machst – wie zum Beispiel: Das Kind soll regelmäßig in die Schule gehen, soll besser mit den Schwestern umgehen, soll ein paar Freunde finden, soll sich ein bisschen stärker gegen das Mobbing wehren, soll ein bisschen schlagfertiger sein – dann haben wir eine Liste von Fähigkeiten. Wenn du dir eine Liste von Problemen anguckst, ist es sehr schwer, eine Vereinbarung zu finden, auf welches fokussiert werden soll, aber wir können nicht auf alle fokussieren. Aber wenn du eine Liste von Zielen machst, wird es leichter. Ich weiß nicht, warum, aber es ist leichter zu bestimmen, welche Fähigkeit wir auswählen. Und vielleicht ist das so, weil wirklich ein anderer Teil des Gehirns aktiviert ist. Die Menschen gehen die Liste durch und sagen: »Das ist ein gutes Ziel, das ist auch ein gutes Ziel, das auch!« Alle Ziele sind gute Ziele. Und dann ist es plötzlich möglich zu sagen: Wir beginnen mit einer einfacheren Fähigkeit. Warum sollten wir die schwierigste nehmen?

Wir beginnen zum Beispiel mit Schuhebinden oder Zähneputzen. Wir beginnen mit einer leichten Fähigkeit, dann können wir die Hilfe von anderen Menschen als gute Erfahrung verbuchen. Und wir erleben dabei die gute Nebenwirkung, dass alle ein bisschen freundlicher mit sich sind, weil alle wissen, dass Schuhebinden und Zähneputzen nicht so schwer sind. Und dann beginnt man, anders zu denken. Dieses Mindset hilft Leuten beim Problemlösen. Es ist ein bisschen konstruktiver, es wird weniger gestritten. Es kommt zur Zusammenarbeit. Noch einmal: Ich denke, dass Zusammenarbeit ein ganz wichtiger Teil effektiver Problemlösung ist. Und wir sind immer daran interessiert, so zu sprechen, dass alle Teilnehmer – Eltern, Lehrer:innen, Freund:innen, Kinder, Jugendliche – miteinander sprechen können, ohne automatisch Streit anzufangen.

DR Ja, wir sprechen ja im Prinzip über Erziehungsberatung im weitesten Sinn. Ich sag manchmal: Beratung an sich ist schon schwierig und Erziehung ist schon schwierig. Ich habe Ahnung von Pädagogik, und du ja auch, wir sind in dieser Hinsicht Experten. Aber wenn ich Beratung, Counselling, mache, sind natürlich die Klientensysteme – die Klientinnen und Klienten – Expert:innen für ihre Sache. Das heißt, manchmal erkläre ich vielleicht ein Modell und dann muss ich aber sehr offen fragen, ob das passt. Ich sage manchmal, dass die Erziehungsberatung die Königsdisziplin ist, weil dort diese verschiedenen Aspekte und Haltungen mit einfließen. Würdest du das auch so sehen oder passt das für dich gar nicht?

BF Ein bisschen scherzhaft sage ich immer, dass die Psychotherapie mehr von der Pädagogik zu lernen hat als die Pädagogik von der Psychotherapie. Oft ist es so, dass Lehrer:innen sagen: »Wir sind keine Psychotherapeut:innen, wir sind keine Berater:innen, wir sind Lehrer:innen. Ich bin kein:e Therapeut:in, kein:e Berater:in, ich will nur Lehrer:in sein, weil das meine Ausbildung ist.« Und dann werden alle Kinder mit »Störungen« zu Expert:innen geschickt, und die machen etwas mit diesen Kindern. Aber ich denke, dass könnte vielleicht andersherum sein, dass man in Therapie und Beratung etwas lernt von der Erziehung und Pädagogik: Fähigkeitslernen, Motivation, Gruppenarbeit, gegenseitige Unterstützung, kleine Schritte, Stolz über kleine Errungenschaften. Das ist Pädagogik, und Pädagogik hat der Psychotherapie so viel zu geben. Wir Berater:innen und Psychotherapeut:innen können von Lehrer:innen lernen, wie man Menschen bilden kann. Und wenn wir denken, dass psychologische Probleme eigentlich pädagogische Probleme sind, könnte es uns vielleicht helfen, mit den Menschen bessern umzugehen.

DR Das wäre auch so ein »Mindshift«.

BF Ja, ein Mindshift. Denken wir zum Beispiel an die Rehabilitation von Patient:innen mit Schizophrenie oder mit anderen psychiatrischen Störungen wie einer bipolaren Störung. Hier haben wir psychiatrische Diagnosen, Krankheiten mit Medikamenten und so weiter. Und heutzutage ist es in der

Psychiatrie ganz gewöhnlich, dass man beginnt, pädagogisch zu denken. Wenn wir unsere psychiatrischen Patient:innen heute treffen, sagen wir: »Welche Fähigkeit brauchst du, damit du gut mit deiner Erkrankung umgehen kannst?« – »Ich muss lernen, meine Medikamente regelmäßig zu nehmen.« – »Okay, welche anderen Fähigkeiten brauchst du?« – »Ich muss morgens aufstehen, statt die ganze Nacht Computer zu spielen.« Wir beginnen also auch bei Menschen mit ernsten psychiatrischen oder psychischen Störungen, ein bisschen pädagogischer zu denken.

Das ist zum Beispiel typisch für die Ergotherapie. Wir können so viel von Ergotherapeut:innen lernen. Ergotherapeut:innen sind so praktisch orientiert: »Was musst du noch lernen, damit du selbstständig leben kannst? Damit du dich selbstständig um dich kümmern kannst?« Das geht auch bei Autismus oder bei geistigen Behinderungen. Bei geistigen Behinderungen lautet die erste Frage: »Welche Fähigkeiten hat er oder sie schon gelernt? Und welche nächste Fähigkeit soll er/sie lernen – selbstständig zur Toilette gehen, Angst kontrollieren, Aggressivität kontrollieren?« Verschiedene Fähigkeiten. Und ich denke, das Prinzip gilt nicht nur für Kinder, sondern auch für Menschen mit psychischen Erkrankungen, in der Schule, zu Hause, in unserem ganzen Leben. Ja, es ist ein Mindset.

DR Ja, genau, es ist ein anderes Mindset. Auf der einen Seite kann ich es verstehen, wenn in Beratung und Therapie auch ein pädagogischer Gedanke reinkommt, aber besteht dann nicht auch gleichzeitig die Gefahr, dass wir uns in Beratung und Therapie über die Klient:innen stellen, weil wir glauben, etwas (besser) zu wissen? Hast du nicht auch ein bisschen Sorge, dass dein Ansatz »zu verhaltenstherapeutisch« ist? Dass die Haltung, die du benennst, zu wenig zur Geltung kommt? Und dass Leute dann so etwas wie *Ich schaffs!* als Methode anwenden, um andere Personen zu verändern? Hast du diese Sorge manchmal, dass dein Ansatz in der Hinsicht falsch verstanden wird?

BF Danke für diese sehr gute Frage. Das kann immer passieren. Man versucht, man macht einen Vorschlag und bietet eine Methode an. Hinter dieser Methode liegt eine wunderbare Haltung, eine Haltung der Zusammenarbeit. Die Hoffnung ist natürlich, dass die Menschen diese Methode annehmen und diese Haltung verstehen. Aber das gelingt nicht immer. In der Geschichte der Menschheit hatten so viele Menschen fantastische Ideen: Die Psychoanalyse zum Beispiel war vielleicht ursprünglich eine wunderbare Idee, aber ein paar Jahre später sieht man das kritischer. Oder Religionskriege. Wir wünschen uns, dass wir richtig verstanden werden, ja. Ich habe ein gutes Beispiel aus China: Ich habe einen Kurs gemacht mit Erzieherinnen von kleinen Kindern. Und dann haben die Erzieherinnen die Aufgaben mit den Kindern einer Kindergartengruppe ausprobiert. Es hat nicht so gut funktioniert. Dann haben wir gefragt: »Was ist passiert? Habt ihr alle 15 Schritte probiert?« – »Jaja, wir haben alle 15 Schritte gemacht.« – »Habt ihr auch diese Schritte mit den Krafttieren oder diesen Fantasiefiguren gemacht, die dem Kind helfen?« – »Jaja, wir haben mit Fantasiefiguren gearbeitet. Und wir haben den Kindern gesagt: Wenn du dich nicht so verhältst, wie du sollst, dann will dein Krafttier dich bestrafen.« So, was bedeutet das? Es ist möglich, dass du diese Bestrafung und Belohnung und das Kontrollieren in das Mindset hineinnimmst. Und dann versuchst du, das mit dem Mindset zusammenzubringen, und dann hast so eine Art »verrückte Mixtur«, wie wenn du versuchst, Wasser und Öl zu mischen.

DR Ja, spannend! Ich würde gerne noch mal auf unsere Tagung zu sprechen kommen. Du kennst die Konzepte von Haim Omer und Maria Aarts auch sehr gut. Was würdest du sagen, sind so die Hauptunterschiede in euren Modellen?

BF Am besten kenne ich Haim Omers Ideen, ich bin sehr begeistert von diesen. Und ich denke, dass es wunderbar ist, dass es mehrere Arten von Ansätzen gibt. Ich habe gemerkt, dass das nicht ungewöhnlich ist. In verschiedenen Ländern findet man ganz unterschiedliche Ideen verschiedener Menschen. Jedes Land ist individuell. Hier in Finnland zum Beispiel denkt man bei »Psychotherapie« automatisch an »Individualtherapie« (Einzeltherapie). Man denkt nicht an »Gruppentherapie«, man denkt nicht an »Familientherapie«, man denkt nicht an »Freunde-Therapie«, man denkt immer an »Individualtherapie«. Der Begriff »Psychotherapie« bedeutet, »Einzelpersonen gehen regelmäßig zu einem Therapeuten/einer Therapeutin« – ein Jahr lang, oder zwei oder länger. Und das kostet sehr viel Geld und ist nicht besonders effektiv. Und dann beginnt man zu denken: Was, wenn wir anfangen, an etwas anderes zu denken: Vielleicht können Menschen füreinander hilfreich sein? Dann sind wir mehr die Ermöglicher. Denn ich bin kein Zauberer, ich kann nicht mit Menschen zaubern – Hypnose, oder Drogen, fantastische Gespräche oder so –, ich bin kein Zauberer. Aber ich kann sagen: Ich kann doch was Gutes bewirken, wenn ich einlade, uns zusammenzusetzen. Dort sitzt vielleicht ein Lehrer, dort sitzt vielleicht eine Mama. Vor ein paar Wochen habe ich ein Zoom-Meeting gemacht mit Menschen aus China. In einem Fenster sitzt der achtjährige Sohn mit Mama und Papa, in einem anderen Fenster sitzt der Lehrer aus der Schule. Es ist Sonntag, aber der Lehrer hat sich für uns ein bisschen Zeit genommen. Und in einem anderen Fenster sitzt eine andere Mama, die ein ähnliches Problem mit ihrem Kind hat. Viele Leute sitzen zusammen, und ich bin der Gesprächsleiter und sorge dafür, dass jeder die Möglichkeit hat, etwas zu sagen, und dass wir dabei alle stärker zielorientiert und weniger problemorientiert sind. Dann sprechen wir über Fähigkeiten, die das Kind vielleicht lernen soll und welche Schritte das Kind schon gemacht hat. Was hat der Lehrer gesehen? Was denkt er, welche Fähigkeit wichtig für das Kind sein könnte? Plötzlich sind wir alle zufrieden und haben eine gute Zusammenarbeit – und das über Zoom. Von Finnland nach China. Es ist möglich, ein gutes Gespräch zu führen. Ich weiß nicht, ob man das

Therapie nennt, vielleicht ist das keine Therapie, es ist ein gutes Gespräch zwischen mehreren Menschen.

DR Wenn du so erzählst, überlege ich, ob wir die Konferenz nicht etwas konfrontativer gestalten sollen für eine Diskussion auf der Bühne; denn Maria, Haim und du sind ja alle sehr lösungsorientiert. Oder ich muss mir dann einfach sehr konfrontative Fragen überlegen. In gewisser Weise sind eure Ansätze schon ähnlich. Maria macht die Filme, Haim arbeitet mehr mit den Eltern, und du mit den Kindern, Jugendlichen und Eltern. Aber auch diese Unterscheidung stimmt nur halb.

BF Ja. Darunter liegt die Idee, dass man Menschen hilft, neue Muster zu erlernen, und zwar gemeinsam und in konstruktiver Weise. Nicht mit Druck und »Du sollst dich verändern, sonst gibt es Strafen und so weiter«. Das ist etwas ganz Wunderbares, was Haim uns gelehrt hat, dass man sagt: »Ich kann dich nicht kontrollieren. Und ich will dich nicht kontrollieren. Und das können wir nicht tun. *Aber* es ist wichtig für uns, dass du …« Ich würde jetzt sagen: »… dass du eine Fähigkeit lernst.« Aber die Idee ist dieselbe.

DR Ja, das ist auch eine ähnliche Haltung.

BF Eine ähnliche Haltung, ja.

DR Wir haben die Tagung »Gelingende Kommunikation« genannt. Was würdest du sagen: Gelingende Kommunikation, gibt es das überhaupt?

BF Ja. Das ist das Ideal meiner Ideen: gelingende Kommunikation. Ich wünsche mir auch, dass wir lernen, wie man spricht. Was war zum Beispiel mit dem amerikanischen Präsidenten Trump? Das war so *»un-gelingende«* Kommunikation, dass man eigentlich das Mikrofon abdrehen müsste. Viele Politiker:innen können gar nicht kommunizieren – totales Chaos. Und dann verstehen wir, dass Menschen Schwierigkeiten haben, konstruktiv zu kommunizieren. Das ist in der Familie schwer, das ist schwer in der Schule, das ist schwer am Arbeitsplatz.

Wir sind super interessiert daran, wie wir die Diskussion mit unseren Klienten anfangen sollen. Welche Fragen sollen wir stellen? Wie sollen wir reagieren, wenn der andere spricht? Das ist alles Kommunikation, und gelingende Kommunikation ist eine wunderbare Beschreibung, für das, was wir zu tun wünschen.

DR Ja, sehr schön. Ben, ich habe jetzt noch ein oder zwei auch ein bisschen kritische Fragen. Die erste Frage, die habe ich Maria auch gestellt und die werde ich Haim Omer auch stellen: Ich glaube, dass der Erfolg von euren drei Konzepten stark davon abhängt, dass ihr sehr charismatische Persönlichkeiten seid. Aber jetzt müsste das ja auch in deinem Interesse sein, dass sich das auch weiterentwickelt. Vielleicht gar nicht mal so, dass die Methode auch weiterhin so heißen muss, aber dass die Idee dahinter und die Haltung weiterlebt. Was würdest du sagen, was sind deine nächsten Schritte, dass sich das weiterentwickelt? Und darüber hinaus – das klingt jetzt vielleicht zu kritisch – vielleicht auch ein kleines bisschen unabhängiger von deiner Person wird?

BF Das ist eine Diskussion, die man ganz oft hat. Zum Beispiel, wenn ich Familien treffe: Ich habe meinen eigenen Stil, mache ein bisschen Witze und ich gebe schnell positive Rückmeldung, ich bin begeistert. Ich habe meinen eigenen Stil. Aber jede:r hat einen eigenen Stil! Alle Menschen lernen schnell, wie man ein bisschen positive Rückmeldung gibt und wie man ein bisschen Begeisterung vermittelt. Ich kann mich an Michael White von der *Narrative Therapy* erinnern. Er hat ein Video gezeigt, da saß ein kleines, vielleicht sechsjähriges Kind mit Mama im Therapiezimmer – eine traditionelle familientherapeutische Sitzung. Und dann hat die Mama etwas gesagt über die bisherigen Fortschritte. Das Kind hat im eigenen Bett geschlafen oder so etwas. Und dann hat das Kind selbst etwas erzählt. Und Michael White hat sich von seinem Stuhl theatralisch auf den Boden fallen lassen. Das Kind war superbegeistert, weil der Therapeut so begeistert war. Naja, jeder hat seinen Stil, aber bei *Ich schaffs!* denke ich, das ist so eine Methode, die so viele Leute gelernt haben in allen Ländern – in China und überall –, dass vielleicht *mein* Stil mein Stil ist und jeder einen eigenen Stil findet.

Aber diese Haltung ist sicher wichtig. Meine Lieblingsantwort auf diese Frage: Du weißt – alle wissen –, dass wissenschaftliche Forschung herausgefunden hat (so glaubt man), dass die psychotherapeutische Effektivität nicht hauptsächlich mit den Methoden zu tun hat, sondern mit diesen *common factors* – allgemeinen Faktoren –, und der populärste allgemeine Faktor in dieser Theorie ist Beziehung, also der Kontakt zwischen Therapeut:in und Klient:in. Alle sagen das. Aber ich habe inzwischen einige Computerprogramme entwickelt, wo du vom Computer Fragen gestellt bekommst und an deinem Handy oder Computer antworten sollst. Wenn du auf die erste Frage geantwortet hast, kommst du zur nächsten Frage. Dabei gibt es keinen Therapeuten/keine Therapeutin, keine Beziehung. Es gibt nur einen Computer, der gute Fragen stellt. Ich bekomme fast jeden Tag positive Rückmeldungen von den Menschen, die diesen Fragenautomaten nutzen. Ich habe verschiedene Fragen-Strukturen, z. B. 10 oder 15 Fragen zu verschiedenen Themen. Und so viele Menschen bedanken sich bei mir und sagen, dass diese Fragen hilfreich waren. So, wo ist da die Beziehung? Warum sagt man, dass die Beziehung so wichtig ist? Ich denke, vielleicht sind Hoffnung und gute Fragen wichtiger. Der Roboter kann ein guter Therapeut sein.

DR Ja, da gibt es ja jetzt auch ganz neue Forschungsprojekte darüber, wie künstliche Intelligenz in die Beratung einzieht. Ich bin da ein bisschen skeptisch, aber du hast recht, es hat natürlich auch was. Ich meine, ein gutes Buch ist auch keine Beziehung, und von einem guten Buch kann man trotzdem viel lernen.

BF Das war ein sehr gutes Beispiel. Und all die kleinen Selbsthilfemethoden. Das alles ist vielleicht ein bisschen effektiver, wenn du nicht alleine bist. Wenn du einen Freund oder eine Freundin hast, der/die bei dir ist. Wenn zwei Menschen, die eine Depression haben oder ein Burn-out, das Problem zusammen angehen – mit einem hilfreichen Computerprogramm oder einem hilfreichen Buch oder etwas anderem Hilfreichen. Das kann wirklich sehr hilfreich sein.

DR Sehr schön, ich bin irritiert, dass unsere Zeit schon vorbei ist, Ben. Danke für das Interview.

3.3 Forschung

von Dirk Rohr

Die *Skillful class*-Methode

Shuanghong und Niemi (2020) untersuchten die Wirkung der *Skillful class*-Methode, einer lösungsfokussierten Methode, die Lehrkräfte in ihren Klassenzimmern einsetzen können, um Schüler:innen zu helfen sozial-emotionale Kompetenzen und Selbstmanagement-Fähigkeiten in einer unterstützenden und kooperativen Umgebung zu erlernen. Aus der Perspektive der Schule ist dabei der wichtigste Aspekt des lösungsfokussierten Ansatzes, den Schüler:innen zu helfen, Fähigkeiten zu erlernen, um ihr eigenes Leben bewältigen zu können. Die Schüler:innen sollen Unterstützung dabei bekommen,

- sich auf Ziele zu konzentrieren
- Stärken und Ressourcen zu entdecken und
- viele kleine Aktionen für gewünschte Veränderungen durchzuführen.

Das bedeutet, dass die zu erlernenden Fertigkeiten spezifisch, messbar, erreichbar, relevant und zeitgebunden (SMART)[8] sein müssen – Kriterien, die oft beim Setzen von Zielen verwendet werden. Kim, Kelly und Franklin (2008) haben festgestellt, dass die Vorteile des lösungsorientierten Ansatzes in einem schulischen Umfeld der stärkenbasierte Ansatz, die klientenzentrierte Vision und die konkreten Aktionen sind, bei denen kleine Veränderungen eine Rolle spielen.

8 SMART: specific, measurable, achievable, reasonable, time-bound.

»Stärkenbasiert« bedeutet, dass Menschen Stärken haben, die bei der aktiven Bewältigung von Lebenssituationen helfen. »Klientenzentriert« bedeutet, dass Klienten ihre eigenen Ziele bestimmen und Entscheidungen darüber treffen können, wie und wo sie Veränderungen in ihrem Leben vornehmen wollen. Und »kleine Veränderungen« bedeutet: Man hilft den Kindern durch die Konzentration auf kleine Veränderungen dabei, dass sie sich selbst als fähiger erleben, andere und größere Veränderungen in ihrem Leben vorzunehmen (ebd.). Die Intervention, auf die sich die Studie von Shuanghong und Niemi (2020) bezieht, heißt *Skillful class* und wurde von Ben Furman aus der Kids' Skill Method (KSM) entwickelt, die ihrerseits auf dem lösungsfokussierten Ansatz basierende. Furman entwickelte die *Skillful class*-Methode aufgrund seiner Erfahrungen, die er mit der KSM in über 30 Ländern über Jahrzehnte hinweg gesammelt hat, um allen Schüler:innen – auch in großen Klassenstärken und bei begrenzter Zeit zur individuellen Förderung – zu helfen, dass sie sozial-emotionale Kompetenzen und Selbstmanagement-Fähigkeiten erlernen. Grundschullehrer:innen in Finnland haben anhand der häufigsten Probleme identifiziert, welche sozial-emotionalen und Selbstmanagement-Fähigkeiten die Grundschüler:innen am ehesten benötigen. Dabei wurden sechs kollektive und 22 individuelle Fähigkeiten herausgearbeitet. Als kollektive Fähigkeiten nannten sie beispielsweise »Schulranzen packen« und »Hausaufgaben erledigen«, zu den individuellen Fähigkeiten zählen »Ich kann warten, bis ich an der Reihe bin« und »Ich kann anderen helfen«.

Shuanghong und Niemia führten ihre Studie in Finnland und China mit 22 bzw. 18 Grundschulklassen durch. Das Studiendesign umfasste dabei sowohl quantitative als auch qualitative Forschungsmethoden.

Die *Skillful class*-Methode wurde insbesondere für jüngere Schüler:innen entwickelt, um sie zu Beginn ihrer Schulzeit bei der Entwicklung von sozial-emotionalen und Selbstmanagement-Fähigkeiten zu unterstützen. Die teilnehmenden Grundschüler:innen werden als zu jung angesehen, um selbst zuverlässige Daten zu liefern. Daher lag der Hauptfokus auf der Wahrnehmung der Lehrer:innen. Bevor die Lehrer:innen mit der Umsetzung der *Skillful class*-Methode begannen, wurden sie gebeten, den Vorfragebogen auszufüllen.

Nach Abschluss des gesamten Projekts wurden alle Lehrer:innen gebeten, den Post-Fragebogen auszufüllen, der nicht nur Fragen zu quantitativen Daten, sondern auch solche zu offenen, qualitativen

Daten enthält. Die qualitativen Daten bestanden auch aus Web-Diskussionen, WeChat-Diskussionen und einigen Lehrer:innen-Interviews. Die Eltern der Schüler:innen wurden über das Schulprojekt informiert und darüber, dass die Schüler:innen die Fähigkeiten erlernen würden, aber es wurden keine Daten von ihnen gesammelt.

Kollektive Fähigkeiten	**Bewertung**
Die Schüler:innen können ihre Schultaschen packen.	
Die Schüler:innen können ihre Hausaufgaben erledigen.	
Die Schüler:innen können sich melden, bevor sie sprechen.	
Die Schüler:innen hören auf die Anweisungen der Lehrkraft.	
Die Schüler:innen können sich beruhigen und auf das Lernen konzentrieren.	
Die Schüler:innen können die meisten Konflikte und Meinungsverschiedenheiten untereinander lösen.	

Tab. 1: Fragen zur Ausprägung der kollektiven Fähigkeiten von Schüler:innen in der Wahrnehmung der Lehrer:innen vor und nach der Intervention (Skala von 1–5, 1 = schlecht, 5 = ausgezeichnet)

Verhältnis zwischen Schüler:innen, Lehrer:innen und Eltern	**Bewertung**
Die Schüler:innen helfen sich gegenseitig.	
Die Schüler:innen ermutigen und unterstützen sich gegenseitig.	
Die Schüler:innen können in Gruppen zusammenarbeiten.	
Die Schüler:innen sind freundlich zueinander.	
Ich betrete den Klassenraum gerne und verbringe gerne Zeit mit meinen Schüler:innen.	
Es fällt mir leicht, meine Schüler:innen zu begeistern.	
Wenn die Schüler:innen Probleme oder Schwierigkeiten haben, finden wir dafür Lösungen.	
Ich lobe, ermutige und danke meinen Schüler:innen.	
Ich komme mit den Erziehungsberechtigten zurecht.	
Ich habe das Gefühl, dass die Erziehungsberechtigten mich mögen und meine Arbeit wertschätzen.	

Tab. 2: Fragen zum Verhältnis zwischen Schüler:innen, Lehrer:innen und Eltern in der Wahrnehmung der Lehrer:innen vor und nach der Intervention (Skala von 1–5, 1 = schlecht, 5 = ausgezeichnet)

In beiden Fragebögen wurden die Lehrer:innen gebeten, die sechs kollektiven Fähigkeiten der Schüler:innen und die Beziehungen zwischen Schüler:innen, Lehrer:innen und Eltern zu beurteilen. Der Fragebogen ist in den folgenden Tabellen (s. Tab. 1 u. 2) dargestellt.

Nach dem Projekt wurde der Fragebogen außerdem um offene Fragen über festgestellte Veränderungen ergänzt. An dieser Stelle sollen die Ergebnisse des quantitativen Teils besprochen werden, welche insgesamt durch die qualitativen Daten unterstützt werden.

Studienergebnisse

Die Fragestellungen der Studie konzentrieren sich darauf, wie gut die Schüler:innen bestimmte definierte sozial-emotionale und Selbstmanagement-Fähigkeiten erlernten und welche Veränderungen in den Beziehungen zwischen Schüler:innen, Lehrer:innen und Eltern durch die Skillful-Class-Intervention eintraten. Laut Einschätzung der Lehrer:innen in den finnischen Klassen stiegen die sozial-emotionalen und Selbstmanagement-Fähigkeiten der Schüler:innen von einem Mittelwert von 3,17 auf 3,80 an. Die Beziehung zwischen Schüler:innen, Lehrer:innen und Eltern verbesserte sich von einem Mittelwert von 3,67 auf 4,10. In chinesischen Klassenzimmern stiegen die sozial-emotionalen und Selbstmanagement-Fähigkeiten der Schüler:innen von einem Mittelwert von 3,44 auf 4,42. Und auch die Beziehung zwischen Schüler:innen, Lehrer:innen und Eltern verbesserte sich von einem Mittelwert von 4,04 auf 4,60. Alle Veränderungen zwischen Vor- und Nachmessungen waren statistisch signifikant ($p = .000$).

Die qualitativen Daten aus den offenen Fragen des Post-Fragebogen untermauern die Ergebnisse aus dem quantitativen Teil.

Diskussion und Fazit

Das Ziel der Studie von Shuanghong u. Niemi (2020) war es herauszufinden, wie die Interventionsmethode *Skillful class* den Schüler:innen hilft, Selbstmanagement und sozial-emotionale Fähigkeiten in der Schule zu erlernen, und welche Auswirkungen diese Intervention auf die Beziehungen zwischen Schüler:innen, Lehrer:innen und Eltern hat. Mit sowohl quantitativen als auch qualitativen Belegen bestätigt die vorgestellte Studie frühere Forschungsergebnisse (DeJong a. Berg 2002; Morgan 2016; Cepukiene, Pakrosnis a. Ulinskaite 2018), dass der lösungsfokussierte Ansatz positive Veränderungen bewirken kann. Cepukiene und Pakrosnis (2011) stellten fest, dass eine SFBT (*Solution*

Focused Brief Therapy – lösungsfokussierte Kurztherapie) besonders nützlich für die Veränderung von Verhalten sein kann.

Bond und Kollegen (2013) haben eine umfassende Studie zu SFBT mit Familien und Kindern durchgeführt. Sie liefern vorläufige Belege dafür, dass SFBT die internen sozial-emotionalen und externen Verhaltensprobleme von Kindern sowohl in der Schule als auch in ihren Familien verbessern kann. Die Interventionsmethode *Skillful class* basiert auf dem lösungsfokussierten Ansatz und der *lösungsfokussierten Kurzzeittherapie*. Die angeführte Studie liefert signifikante Ergebnisse basierend auf quantitativen Daten und reichhaltige Evidenz aus qualitativen Daten, dass die Schüler:innen in dieser Studie viele Selbstmanagement- und sozial-emotionale Fähigkeiten erlernt haben. Die Autoren fanden positive Veränderungen in den Beziehungen zwischen Schüler:innen, Lehrer:innen und Eltern. Darüber hinaus gibt es auch Hinweise darauf, dass sich die Denkweise und Einstellung der Schüler:innen und Lehrer:innen verändert haben – sie wurden positiver, lösungsorientierter und zielgerichteter. Einige Lehrer:innen gaben auch an, dass ihre Arbeit leichter geworden sei. Schließlich fanden sich ähnliche Ergebnisse sowohl in finnischen als auch in chinesischen Schulen, die unterschiedliche kulturelle Hintergründe und Kontexte haben, was beweist, dass die *Skillful class*-Interventionsmethode auch in unterschiedlichen soziokulturellen Kontexten erfolgreich ist.

Grenzen und zukünftige Forschung

Die Studie, über die an dieser Stelle berichtet wurde, ist das erste Forschungsprojekt für die lösungsfokussierte *Skillful class*-Interventionsmethode. Die Stichproben der Studie waren auf 22 finnische und 18 chinesische Klassen beschränkt. Für zukünftige Studien kann die Stichprobengröße erhöht werden. Man könnte zusätzliche Selbstmanagement- und sozial-emotionale Fähigkeiten vorschlagen und für Schüler:innen unterschiedlichen Alters differenzieren. Für Schüler:innen, die älter als zehn Jahre sind, kann man einfache Fragebogendaten und Interviews verwenden, um die Wahrnehmungen der Schüler:innen zu dieser Methode zu erhalten. Solche Studien sollten in verschiedenen Ländern und in unterschiedlichen Kontexten durchgeführt werden.

Ich schaffs!-Trainings

Stephan (2013) präsentiert Ergebnisse einer Online-Befragung zur Evaluation des lösungsfokussierten Kompetenzförderungsprogramms für Kinder, welche in einer Kooperation zwischen der TU Darmstadt und einer Firma für systemische Organisationsberatung entstanden ist. Nach einem breitflächigen Aufruf beteiligten sich 23 Teilnehmende, welche in der Mehrheit über 40 Jahre alt waren und dabei im Schnitt 15 Jahre Berufserfahrung im pädagogischen Bereich mitbrachten. Alle Teilnehmenden hatten bereits ein *Ich schaffs!*-Training absolviert, sodass eine retrospektive Posttest-only-Untersuchung ohne Kontrollgruppe durchgeführt wurde. Der Fragebogen bestand aus zwei Teilen, wiedergegeben werden an dieser Stelle einige Ergebnisse aus dem ersten Teil, welcher sich mit der konkreten Anwendung und der erlebten Umsetzbarkeit des Programmes in der Praxis beschäftigt hat.

Auf die Frage, wie sie das Programm anwenden, gaben lediglich 2 Befragte an, dass sie die 15 Schritte vollständig und in der vorgesehenen Reihenfolge anwenden. 6 Befragte wendeten es komplett, aber in einer individuellen Reihenfolge an, und 12 Befragte entschieden sich für einzelne Schritte. Es zeigte sich, dass dabei die ersten 13 Schritte immer oder fast immer eingesetzt werden, die letzten beiden Schritte (»Weitergeben der Fähigkeiten an andere« und »Übergehen zur nächsten Fähigkeit«) von weniger als der Hälfte der Befragten. Stephan (ebd.) zufolge könnte eine mögliche Erklärung sein, dass die beiden letzten Schritte nicht mehr unmittelbar mit dem Erlernen einer Fähigkeit im Zusammenhang stehen und deswegen aus Zeitmangel im Alltag weggelassen werden. Von den Befragten berichteten 15, das Programm im Einzelsetting zu verwenden, 9 gaben einen Einsatz im Gruppensetting an.

Der Aussage, dass das Trainingsprogramm zum Erfolg, also zum Erlernen der gewünschten Fähigkeit führt, stimmten alle Teilnehmer:innen »ganz« oder »eher« zu. 10 der Befragten berichteten allerdings auch, dass es schon Fälle gab, in denen das Training nicht zielführend war. Trotzdem wurde die Nützlichkeit des Trainingsprogramm insgesamt als gut bis sehr gut bewertet. Die meisten Befragten gaben außerdem an, dass sie die Arbeit mit *Ich schaffs!* als kreativ, hilfreich, umsetzbar, angenehm und erfreulich erlebt haben. Trotzdem gaben 10 Personen an, dass sie gerne Veränderungen an dem Programm vornehmen würden, und schlugen dabei eine individuellere Gestaltung der verwendeten Materialien sowie eine individuellere Auswahl der eingesetzten Verstärker und Krafttiere vor. Eine Kombination mit weiteren Ansätzen wie der Arbeit mit somatischen Markern oder dem Mentaltraining wurde auch angesprochen. Im Hinblick auf die Rahmenbedingungen kam insbesondere die Situation im schulischen Umfeld zur Sprache: Die Befragten wünschten sich mehr Unterstützung in der Arbeit mit Schulklassen sowie eine stärkere Trennung zwischen der Rolle der Lehrenden und der der Beratenden.

Becker (2013) hat aus einer Expert:innen-Befragung drei wichtige Wirkfaktoren des Programmes herausgearbeitet:

- kindliche Selbstbestimmung
- Unterstützung durch ein Helfersystem
- Umdeuten von Problemen in Fähigkeiten.

Die genannten Punkte helfen dem Kind dabei, mit seinen Ressourcen in Kontakt zu kommen. Der Aspekt der Selbstbestimmung wird dabei im Sinne einer Motivationsquelle für den Programmerfolg als besonders bedeutsam eingeschätzt. Um die Motivation des Kindes aufrechtzuerhalten, erscheint außerdem eine individuelle Anpassung der Programmschritte an die Präferenzen des Kindes empfehlenswert.

4 Die drei Konzepte im Vergleich

von Dirk Rohr

Im Folgenden möchte ich die drei Konzepte anhand folgender Faktoren in ihren Gemeinsamkeiten und Unterschieden untersuchen:

- die Adressat:innen der Konzepte (s. Kap. 4.1)
- die Einordnung zwischen Fachberatung und psychosozialer Beratung (Erziehungsberatung) und damit ihre Normativität (s. Kap. 4.2)
- ihre Verortung in systemische und humanistische Beratungsansätze (s. Kap. 4.3)
- die Selbstreflexion der Eltern oder Erziehungsberechtigten (s. Kap. 4.4) sowie
- ihre Art und Weise, wie die Konzepte gelehrt und gelernt werden (s. Kap. 4.5).

4.1 Adressat:innen der Konzepte

Bei den Adressat:innen der drei Konzepte müssen wir unterscheiden zwischen zwei Kriterien:

1. dem Alter der Kinder und Jugendlichen
2. mit wem gearbeitet wird: den Eltern, den Kindern und Jugendlichen oder mit allen.

Die drei Konzepte eignen sich für jeweils verschiedene Zielgruppen im pädagogischen Bereich, wobei hier keine Ausschließlichkeit vorliegt. Für Säuglings- und Kleinkindeltern eignet sich aus dem vorgestellten Repertoire *Marte Meo* am unmittelbarsten. Auch einige von Haim Omers Ansätzen, insbesondere die *Wachsame Sorge*, wie er selbst betont, taugen als Haltung für Eltern von kleinen Kindern. Eine große Stärke der *Neuen Autorität* liegt allerdings im Umgang mit älteren Kindern und Jugendlichen. Das *Ich schaffs!*-Programm richtet sich mit seiner kindgerechten Aufmachung an Kinder im (späten) Kindergarten- bis Schulalter, wobei es auch vereinzelte Berichte einer Anwendbarkeit bei Jugendlichen gibt.

Auch im Umgang mit den Interessen der Eltern und Kinder als Adressat:innen unterscheiden sich die Konzepte. Ben Furman arbeitet mit *Ich schaffs!* unmittelbar mit den Kindern als Klient:innen und möchte diese als mündige Zielpersonen in der Beratung verstanden wissen. Er betont, dass man die uneingeschränkte Mitarbeit des Kindes brauche und dass die erwachsenen Bezugspersonen im Prozess die Rolle der Unterstützer:innen einnehmen. In Haim Omers Ansatz soll das Augenmerk in der Beratung darauf liegen, die Eltern als maßgebliche Klient:innen in ihren Anliegen ernst zu nehmen, sodass sie sich und ihre Bedürfnisse selbst wieder ernst nehmen können. Sowohl die *Neue Autorität* als auch *Marte Meo* setzen dabei nicht auf die unmittelbare Einbeziehung des Kindes, da die Eltern sich in der Interaktion mit den Kindern verändern und dies eine Wirkung auf das Familiensystem entfaltet.

4.2 Erziehungsberatung ohne Normativitätsanspruch

Anders als bei den vorherigen Tagungen liegt der Fokus der Konzepte in diesem Buch nicht nur auf Beratung, sondern vielmehr auch auf Pädagogik, d. h., Haim Omer, Maria Aarts und Ben Furman weisen in ihren Konzepten jeweils unterschiedlich ausgeprägte Anteile an sowohl psychosozialer Beratung als auch an Fachberatung in Form von Erziehungsberatung auf. Es sind informative Beratungsmethoden.

Dabei möchte ich an dieser Stelle aber eine sehr weite Definition von Beratung vorschlagen – eine, die Therapie, Coaching und Supervision sowie Soziale Arbeit, Pflege und Pädagogik einschließen kann – ganz im Sinne des Beratungsverständnisses der Deutschen Gesellschaft für Beratung (DGfB):

> »Auf der Grundlage einer professionellen Beratungsbeziehung fördern die Beratungsfachkräfte das verantwortungsvolle Handeln einzelner Personen und Gruppen in individuellen, partnerschaftlichen, familialen, beruflichen, sozialen, kulturellen, organisatorischen, ökologischen und gesellschaftlichen Kontexten« (DGfB 2003),

oder auch im Sinne von Nestmann und Engel (2002, S. 21):

> »Ein kontextuelles Paradigma der Beratung erweitert den psychologischen und psychosozialen Blick auf die gesamten Lebensumstände von Personen und Gruppen in einer sich dramatisch verändernden Welt. Es berücksichtigt ökonomische, ökologische, kulturelle und andere Lebensdimensionen derer, die Beratung nutzen können und die Beratung

> suchen. Es wirft den Blick auf Menschen mit Beratungsbedürfnissen in normativen Lebensherausforderungen und Lebenskrisen, die Beratung suchen, um ihr Leben (besser) leben zu können, ihr Leben verändern zu können, ihr Leben gestalten und ihm eine bestimmte Richtung geben zu können.«

Um das Feld der Beratung ab- oder einzugrenzen, habe ich folgende Visualisierung entwickelt (s. Abb. 6): Sie beinhaltet auf ihren vier Achsen eher qualitative Aspekte (in Anlehnung an Brandel-Nebehay u. Russinger 2005; Gregusch 2013), die nicht offensichtlich sind, also nicht die Dauer oder Frequenz der Sitzung abbilden (einmalig bis zu 50 Sitzungen; je 5 Minuten bis zu 120 Minuten oder mehr); auch nicht die Anzahl der zu Beratenden (also Einzel-, Paar-, Gruppen- oder Teamberatungen) oder ob es klare Diagnosen gibt, sondern eine Bandbreite zwischen den Polen »Fachberatung« und »psychosoziale Beratung«, eine »hohe Freiwilligkeit« und »niedrige Freiwilligkeit« der Klient:innen, Beratung in Anspruch zu nehmen, »formale« und »informelle« Settings sowie »starke eigene Interessen« und »keine eigenen Interessen« der Berater:in (ggf. würde hier auch statt »Interessen« der Begriff »Überzeugungen« besser passen). Wenn diese Visualisierung zur wohlwollend-kritischen (Selbst-)Reflexion einlädt, hat sie ihren Sinn bereits erfüllt – wohlwissend, dass sie eine unzulässige Reduktion von Komplexität ist (ausführlicher in Rohr 2017b).

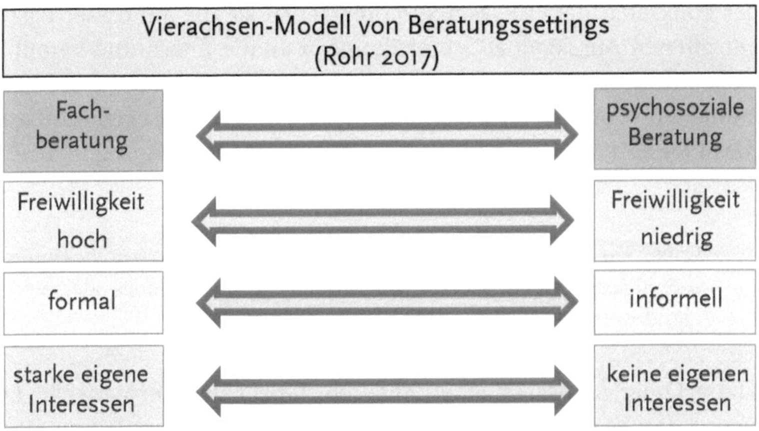

Abb. 6: Vierachsen-Modell zur qualitativen Beschreibung von Beratungssettings (Rohr 2017b)

Außerdem sind die Frage nach der Expert:innenrolle von Berater:innen sowie der Aspekt der Normativität einer Beratung mit der Einordnung als Fachberatung verknüpft. Im Bereich der Pädagogik sind Haim Omer, Maria Aarts und Ben Furman Expert:innen und bringen ein spezifisches Wissen darüber mit, was sie für die Klient:innen für nützlich halten. Mit Blick auf die Beratungskomponente werden (in der systemischen Sichtweise) die Klientensysteme – die Klientinnen und Klienten – als Expert:innen für ihre Sache angesehen. Die Berater:innen haben lediglich einen Wissensvorsprung in Sachen Prozessgestaltung und auch nur dafür die Verantwortung. Diese beiden Arten von Expertise gilt es in der Erziehungsberatung zu vereinen, was Haim Omer, Maria Aarts und Ben Furman jeweils auf unterschiedliche Weise, umsetzen. Alle drei stimmen der in den Interviewfragen (implizit) enthaltene These zu, dass in der psychosozialen Beratung für Normativität grundsätzlich kein Platz sei. Maria Aarts betont allerdings, dass sie bei *Marte Meo* durchaus universelle Basisinformationen hat, die in der Beratung an den Kontext anzupassen sind. Situationsbedingt können sogar Kernstücke des Programms – wie die Videoaufzeichnung – weggelassen werden. Sie geht davon aus, nur »in einem kleinen Teilbereich« Expertin zu sein, und nimmt ansonsten die Expertise ihres jeweiligen Gegenübers auf. Den universellen Gültigkeitsanspruch ihrer *Marte Meo*-Basisinformationen begründet sie darauf, dass sie diese empirisch »tausendfach« absichern konnte. In der konkreten Beratungssituation betrachtet sie die auf dieser Basis getroffenen Aussagen als »Einladungen« an die Eltern und bemüht sich, sich in der Interaktion auf die Welt des Kindes und die Lebensrealität und Sprache der Eltern einzulassen. Christian Hawellek, *Marte Meo*-Pionier in Deutschland sowie Gast auf unserer Tagung in 2018, schreibt:

> »Dabei wird ›normativ‹ vorausgesetzt, dass es neben entwicklungsunterstützendem Verhalten auch entwicklungshemmendes oder -schädigendes Verhalten gibt« (Hawellek 2016, S. 229).

Haim Omer fokussiert einen anderen Aspekt der Normativität. Er nennt das Wissen, was er vermittelt, einen »unverschämten Vorschlag«, von dessen Brauchbarkeit er und sein Team überzeugt seien. Ihm sei es allerdings nicht wichtig, dass die Berater:innen, die sein Konzept und die damit verknüpften konkreten Methoden (z. B. Sit-ins,

Telefonrunden etc.) erlernen wollen, diese auch exakt so umsetzen, auch wenn er selbst – ebenso wie Maria Aarts abgesichert durch Forschungsergebnisse – überzeugt davon sei, dass seine Methoden wirkungsvoll sind. Es stehe jedem frei, sich aus dem Konzept nur einzelne Ideen mitzunehmen oder die eigene Haltung graduell zu verändern.

Darüber hinaus betont er, dass es nicht sinnvoll sei, wenn jemand aufgrund des neu Gelernten seine bisherigen Haltungen und Methoden vollständig verwirft. Diesen Punkt spricht auch Maria Aarts an, die sehr interdisziplinär arbeitet und um die Wichtigkeit von schon vorhandenem Wissen und Erfahrungen aus anderen Ausbildungen weiß, welche durch *Marte Meo* lediglich ergänzt werden. Haim Omer führt außerdem an, dass jeder Therapeut und jede Therapeutin seinen/ihren eigenen Stil habe und dass dieser weltweit auch eine unterschiedliche kulturelle Prägung enthält. Auf diesen Punkt geht auch Ben Furman ein, der auf die global unterschiedlichen Auffassungen von Therapie verweist. Außerdem findet er es wichtig und richtig, dass es ganz verschiedene Beratungsansätze gibt. Auch er bezeichnet das von ihm vermittelte Wissen als »Vorschlag« und hofft, dass diese Vorschläge viel Platz für Kreativität lassen, sodass jede:r Anwender:in sie in einem individuellen Sinne umsetzen könne. Dass ein vollständiges Entfremden der Methode auch misslingen kann, beschreibt er im Interview an einem Fallbeispiel aus China, wo Erzieher:innen Bestrafungsmechanismen mit in das *Ich schaffs!*-Programm integriert haben, was eigentlich nicht mit dem Mindset hinter dem Programm zu vereinbaren ist.

Grundsätzlich beschreibt Ben Furman *Ich schaffs!* als »mehr als eine Methode«, er spricht von einem lösungsfokussierten, ressourcenorientierten Ansatz, der ein spezielles Mindset, ein »Fähigkeitsdenken«, erfordert. Haim Omer sieht in seinem Konzept sowohl eine grundlegende Haltung als auch eine Methodensammlung und stellt in Form von konkreten Therapiemanualen, die besonders für die Forschung relevant sind, noch einmal dezidierte Handlungsanweisungen bereit – diese sind dann in den speziellen Kontexten doch als normativ anzusehen. Maria Aarts spricht von *Marte Meo* als Methode, welche sich in verschiedenen Kontexten (ergänzend) anwenden lässt. Sie berichtet allerdings auch davon, dass Menschen die einmal erlernte Methode auch in ihr Privatleben übernehmen und dass die Persönlichkeitsentwicklung der Berater:innen in der *Marte Meo*-Ausbildung für sie ein wichtiges Element sei (dies hat meine [Dirk Rohr] eigene

Forschung zu *Marte Meo* ebenfalls belegt). Hieraus könnte man schließen, dass hinter der Methode implizit eine Grundhaltung steht.

Wie wir gesehen haben, liegt hinter allen drei Konzepten und ihrem z. T. »rezepthaften« (Methoden-)Wissen (15 Schritte des *Ich schaffs!*-Programms, Review-Checklisten in *Marte Meo*, Stufen der *Wachsamen Sorge*) eine Grundhaltung. Im Folgenden unternehme ich den Versuch, diese Grundhaltungen in der Beratungslandschaft als systemisch, humanistisch oder eine Mischung aus beidem zu verorten. Dafür soll, parallel zur Auseinandersetzung mit den Konzepten, noch etwas Theorie zu den Grundsätzen der *systemischen* und *humanistischen Beratungsansätze* einfließen.

4.3 Einordnung der drei Konzepte als Beratungsansätze

Einordnung als humanistische Ansätze[9]

In den Konzepten der humanistischen Psychologie geht man davon aus, dass der Mensch weder durch biologisch determinierte Triebe und Instinkte motiviert ist (Psychoanalyse/psychodynamische Modelle) noch durch Umweltbedingungen determiniert ist (der klassische Behaviorismus), sondern dass er aktiv und fähig zur Konfliktlösung ist sowie von Natur aus zum Guten strebt. Der Mensch strebt nach der Verwirklichung seiner Möglichkeiten. Die humanistische Psychologie »untersucht Verhalten nicht, indem sie es auf Komponenten, Elemente und Subprozesse reduziert, sondern indem sie versucht, *Muster in den Lebensgeschichten* von Menschen zu sehen, die in sinnhaften Alltagsumwelten handeln« (Zimbardo 1992, S. 10; Hervorhebung im Original).

Bugental formulierte 1964 die »basic postulates and orientation of humanistic psychology« (Bugental 1964):

1. »Man, as man, supercedes the sum of his parts« (ebd., S. 23): Das Ganze (der Mensch) kann nur dann »mehr sein« als die Summe der Einzelteile, wenn diese nicht gänzlich isoliert sind.
2. »Man has his being in a human context« (ebd., S. 23): Menschliches Existieren ist nur insofern gebunden an äußere, zwischenmenschliche Beziehungen, als diese ihre Bedeutung und Wirkmacht durch einen inneren Dialog erhalten. Zwi-

9 Vgl. Rohr 2016a; Schubert, Rohr u. Zwicker-Pelzer 2019.

schenmenschliche Beziehungen bewirken eine Veränderung innerer Beziehungen. Das ist nach Bugental menschliches Existieren.

3. »Man is aware« (ebd., S. 23):
   Das heißt, »unabhängig davon, wie viel dem menschlichen Bewusstsein jeweils zugängig ist, ist die jeweils verfügbare Bewusstheit ein Wesensmerkmal des Menschen und Grundlage für das Verstehen menschlicher Erfahrung« (Quitmann 1991, S. 16). Selbstreflexion ermöglicht das Erreichen eines höheren Bewusstheitsgrads, indem bis dato unbekannte Aspekte der eigenen Persönlichkeit erkannt und in die Entscheidung mit einbezogen werden.
4. »Man has choice« (Bugental 1964, S. 24):
   Die Tatsache, verschiedene Handlungsalternativen zu kennen und abzuwägen, welche Handlungsmöglichkeit welche Vorteile hätte (bzw. Bedürfnisbefriedigungen böte), birgt in sich die Möglichkeit zu wählen. Dieses Postulat ist eine direkte Ableitung von existenzphilosophischen Gedanken.
5. »Man is intentional« (ebd., S. 24):
   Das heißt, »der Mensch lebt auf ein Ziel bzw. auf Werte hin, die die Grundlage seiner Identität sind; das unterscheidet ihn von anderen Lebewesen. Dieses Gerichtet-Sein hat einen doppelten Charakter, d. h. der Mensch intendiert gegensätzlich zum Beispiel auf Ruhe und Erregung gleichermaßen« (Quitmann 1991, S. 17).

Haim Omer, Maria Aarts und Ben Furman verorten sich (in den Interviews) nicht explizit als »humanistisch«. Dennoch teilen sie im Grundsatz ein humanistisches Menschenbild: Ben Furman beschreibt den Menschen insgesamt und bereits das Kind als intentional, als handelndes und entscheidendes Subjekt mit Zielen und Ressourcen. Maria Aarts' Konzept basiert auf der Annahme, dass jeder Mensch und jedes Kind sich aus innerem Antrieb entwickeln will. Es wird auch hier Wahlfreiheit unterstellt sowie die grundlegende Fähigkeit zur Wahrnehmung und Reflexion. »Ebenso zeigt sich eine konzeptionelle Nähe von *Marte Meo* zu den Traditionen der humanistischen und positiven Psychologie« (Hawellek 2016, S. 223). Auch bei Haim Omer finden sich humanistische Wurzeln: Er versucht, den Eltern zu helfen, ihre Identität, ihre Grenzen und ihre Souveränität in sozialen Bindungen zu erspüren und zu definieren, sie zu schützen und auszuweiten, sodass sie wieder autonomer und handlungsfähiger werden können, um ihre eigenen Ziele zu verfolgen.

Wirft man einen kurzen Blick auf die Haltungen von humanistischen Berater:innen nach Rogers, Perls und Rank, zeigen sich auch hier Übereinstimmungen: Berater:innen mit humanistischer Orientierung müssen sich nach Carl Rogers empathisch in das Gegenüber hineinversetzen können, da jeder Mensch die Welt individuell wahrnimmt und Informationen subjektiv verarbeitet – ein Aspekt, den Maria Aarts im Interview betont (vgl. Einleitung). Eine *Marte Meo*-Beraterin teilt außerdem im Idealfall den wertschätzenden Blick auf das Verhalten von Eltern und Kind. Sie ist außerdem sehr im Hier und Jetzt, es steht die unmittelbare Wahrnehmung von kindlichen Initiativen und elterlichen Reaktionen im Mittelpunkt, was an Fritz Perls' »Awareness« erinnert (Schubert, Rohr u Zwicker-Pelzer 2019, S. 88). »Es geht um das, was Virginia Satir als erste der fünf menschlichen Freiheiten beschreibt, nämlich um den Erwerb der Freiheit zu sehen und zu hören, was im Moment wirklich da ist, anstatt, was sein sollte, gewesen ist oder erst sein wird« (Hawellek 2016, S. 232 f.).

Bei Haim Omers *Neuer Autorität* finden wir als Zielvorstellung die humanistischen Werte der Willensstärke, Unabhängigkeit und Aktivität der Eltern – Werte also, die sich bei Otto Rank (Schubert, Rohr u Zwicker-Pelzer 2019, S. 78 ff.) finden lassen. Im Interview bezieht sich Haim Omer auf Carl Rogers: »Trotzdem glaube ich, dass Rogers Stunde mit Gloria die schönste Therapiestunde ist, die ich je gesehen habe« (s. Kap. 1.2).

Einordnung als systemische Ansätze[10]

Probleme, Unwohlsein, Unzufriedensein, innere Konflikte oder innere Widersprüchlichkeiten (Ambivalenzen) werden im traditionellen systemischen Denken aus der Beziehung des Menschen zu seinem Umfeld und seiner Umwelt heraus erklärt. Der Hauptfokus liegt darauf, wie Individuen den Kontext bzw. das »äußere« System subjektiv wahrnimmt und erlebt (»subjektive Perspektive«). Handlungen werden in erster Linie als interpersonale Kommunikation mit anderen Mitgliedern dieses Kontextes bzw. Systems gesehen. Systemische Beratung und Therapie präsentieren sich als ein spezifisches Erkenntnis-

10 Vgl. Schubert, Rohr u. Zwicker-Pelzer 2019.

und Handlungsmodell, das die Person immer in Wechselbeziehung mit ihrem Kontext sieht und sich damit von einer linear-kausalen Denkweise abgrenzt.

Beratungsobjekt ist nicht das Individuum an sich, sondern das Beziehungs- bzw. Interaktionssystem – also typischerweise die Familie, das Paar oder das Arbeitsteam. Individuelles Verhalten wird verstanden als durch das Beziehungssystem »verursacht« und verweist somit wiederum auf das System zurück, in dem es sich entwickelt. Die Mitglieder eines Systems wirken ständig wechselseitig aufeinander. Maßgebend für diesen zirkulären Prozess sind nicht die Eigenschaften der beteiligten Personen, sondern die Kommunikations- und Interaktionsweisen sowie die wechselseitigen Auffassungen/Erwartungen und Bedeutungszuschreibungen (Konstrukte) der Systemmitglieder.

Im systemischen Verständnis wird ein Symptom oder Problem nicht als Zustand, als Eigenschaft oder Strukturmerkmal aufgefasst, das ein System oder eine Person »hat«, sondern ein System erzeugt über Kommunikation ein Problem. »Therapiert« werden deswegen auch nicht das einzelne Individuum und seine Eigenschaften, sondern Prozesse, die die Beziehung konstituieren. Das sind im Wesentlichen

a) die Kommunikations- und Interaktionsmuster zwischen den Mitgliedern eines Systems (z. B. Ehe, Familie) und
b) die subjektiven Auffassungen und Überzeugungen (Konstrukte) im Hinblick auf die Beziehung, den Beziehungspartner und auf den Kontext (z. B. das System), in dem die Interaktionen stattfinden.

Systemisch im oben beschriebenen Sinne sind alle drei Konzepte in verschiedenen Aspekten. Sie gehen davon aus, dass man weder das (Familien-)System insgesamt noch einen einzelnen Menschen an sich »von außen« verändern kann, sondern dass man nur Impulse geben kann. Ben Furman und Maria Aarts betonen, dass die »Saat« für gelingende Entwicklung schon da ist und nur noch verstärkt werden muss. Haim Omer betont, dass die Eltern keine Macht darüber haben, wie das Kind sich verhält, sondern nur indirekt durch ihr Verhalten das System Familie beeinflussen können. Insbesondere Maria Aarts und Haim Omer ist auch gemeinsam, dass sie die »Probleme« nicht in der einzelnen Person selbst verorten, sondern im Zwischenmenschlichen, und dadurch einen Fokus auf Interaktion und Beziehung setzen.

Darüber hinaus finden sich in den drei vorgestellten Konzepten einige konkrete systemische Prinzipien und Grundhaltungen wieder. Das systemische Basisprinzip, den Möglichkeitsspielraum zu vergrößern, findet sich wohl am deutlichsten bei Haim Omer: Schamgefühle und Tabus, die den Spielraum der Eltern beschränken, lassen sich überwinden, wenn man sie dazu ermutigt, ihre Erziehungsprobleme im Umfeld offenzulegen und sich durch die dazugewonnene Unterstützung neue Möglichkeitsräume zu eröffnen. Ebenso werden die Eltern dabei unterstützt, einschränkende Dogmen und Annahmen – wie etwa die Angst vor Rückweisung durch das Kind oder vor einer illegitimen Verletzung der jugendlichen Privatsphäre – zu überwinden.

Die Grundhaltung der Neugier bringt besonders Maria Aarts zur Sprache. Sie beschreibt, wie sehr die gesamte Entwicklung von *Marte Meo* darauf beruht, dass sie schon immer ein neugieriger Mensch war, der gerne beobachtet und dabei stets versucht, unvoreingenommen in eine neue Situation zu gehen. Hawellek schreibt jedoch (in Rohr, Hummelsheim u. Höcker 2016, S. 228):

> »Durch den Gebrauch von Checklisten wird deutlich, dass sich das Vorgehen von *Marte Meo* von einer strikt systemisch-konstruktivistischen Arbeit unterscheidet.«

Den Aspekt der Ressourcenorientierung vertritt wiederum Ben Furman am deutlichsten: Verhaltensweisen sieht er nicht als Defizite, oder in seinen Worten: Probleme sind keine Probleme, sondern Fähigkeiten, die es noch zu lernen gilt. Er stimmt auch mit der systemischen Annahme überein, dass die Möglichkeit der Lösungsfindung in jedem selbst liegt. Auch Maria Aarts teilt diese Perspektive, wenn sie ein problematisches Verhalten als Entwicklungsmöglichkeit auffasst.

4.4 Selbstreflexion der Eltern (oder Erziehungsberechtigten)

Als eine Gemeinsamkeit möchte ich einen Aspekt anbringen, der meines Erachtens nach in allen drei Ansätzen zu wenig fokussiert wird: die Selbstreflexion der Eltern (oder Erziehungsberechtigten).

In unzähligen Beratungssituationen, aber auch am eigenen Beispiel, habe ich erfahren, wie wichtig es ist, dass wir Eltern uns unserer unbewussten Muster, blinden Flecken, Familientabus oder Familienregeln, unserer Skripteinschärfungen und Antreiber (Transaktionsanalyse), eben unserer oft unbewussten Wünsche, Bedürfnisse und

Gefühle bewusst werden. Oft erziehen wir unsere Kinder doch ähnlich, wie es unsere Eltern gemacht haben – oder aus einem rebellischen Anteil heraus und »übertrieben«: »auf keinen Fall genauso«. Das Arbeiten mit Skulpturen, Aufstellungen, dem Familienbrett oder Genogrammen (s. Abb. 7) bringt hier oft Aha-Erlebnisse. Durch ein eigenes, aufwendiges Praxis-Forschungsprojekt zu Genogrammen (und der Entwicklung einer Software bzw. App) bin ich immer wieder von der Wirkmächtigkeit transgenerationaler Themen beeindruckt.

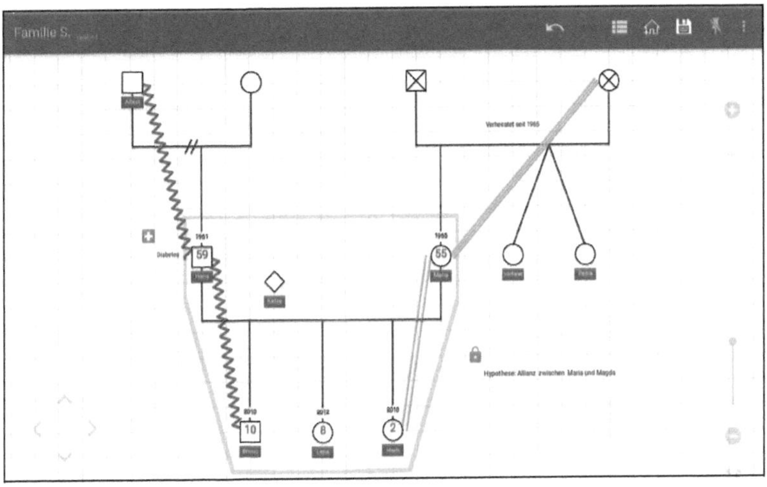

Abb. 7: Beispiel-Genogramm (erstellt mit der InGeno-App) (Rohr, Spath u. Aschermann in Vorb.)

Aus diesem Grunde möchte ich anknüpfen an das, was ich in der Einleitung bereits skizziert habe: Es wird Situationen (oder Phasen) geben, in denen uns die Kommunikation mit (unseren) Kindern nicht gelingen mag – als Eltern oder als Professionelle. Dies löst emotionale Krisen aus: die Sorge um (unsere) Kinder. Angst, Traurigkeit, Scham, der Wunsch nach Verlässlichkeit und Nähe sind oft Stimmen im inneren Team von uns Erwachsenen – sowie das Bedürfnis nach Autonomie, Freiheit, Spontaneität im inneren Team der Kinder und Jugendlichen. Und vice versa. Nach meiner Erfahrung haben wir immer alle Gefühle und Bedürfnisse in uns.

Was in der Einleitung noch als Frage formuliert war, möchte ich nun als Aussage formulieren: Nach Carl Rogers (1977), dem Begründer des personenzentrierten Ansatzes, sind Empathie, Wertschätzung und Kongruenz die wichtigsten Parameter sowie

- die Bewusstwerdung als erster Schritt,
- das Verbalisieren als zweiter sowie
- das Verstehen der eigenen Emotionen als dritter Schritt und dann
- das positiv konnotierende bzw. wertschätzende Annehmen dieser Emotionen als vierter Schritt

unabdingbare Bestandteile von gelingender Kommunikation in Beratungssettings – sowie gelingender Kommunikation mit Kindern und Jugendlichen!

... Und ich möchte an die Grafik aus der Einleitung erinnern (s. Abb. 1):

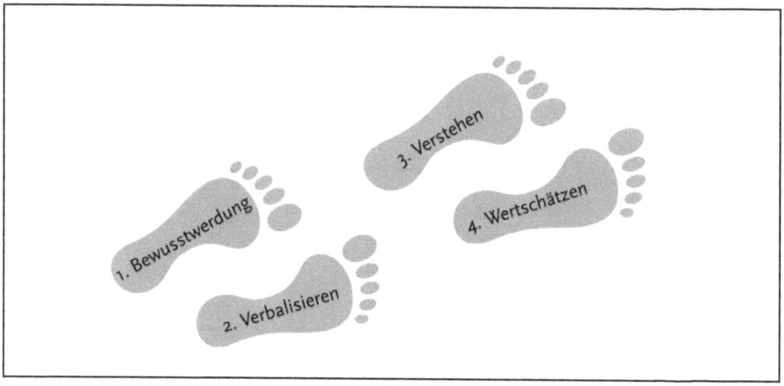

Abb. 8: Schritte in Anlehnung an Rogers (Rohr 2016b)

Für eine »spielerische« Herangehensweise an diese Selbstreflexion von uns Erwachsenen – oder in Beratungssettings: die Begleitung der Selbstreflexion – habe ich folgendes Gefühls-Glücksrad (s. Abb. 9) entwickelt und in unseren Weiterbildungsgruppen erprobt:

Das Gefühls-Glücksrad hat keinen Anspruch auf Vollständigkeit: Bitte ergänzen Sie es mit Gefühlen – und vielleicht Bedürfnissen – und mit Ihren eigenen Fragen! Und kommen Sie mit Ihren Kindern (und Jugendlichen) in ein offenes und ehrliches Gespräch darüber. Dies ist also eine herzliche Einladung, es einmal selbst auszuprobieren.[11]

11 Hier finden Sie eine Webversion, die sich tatsächlich dreht: www.koelner-institut.de [7.4.2021].

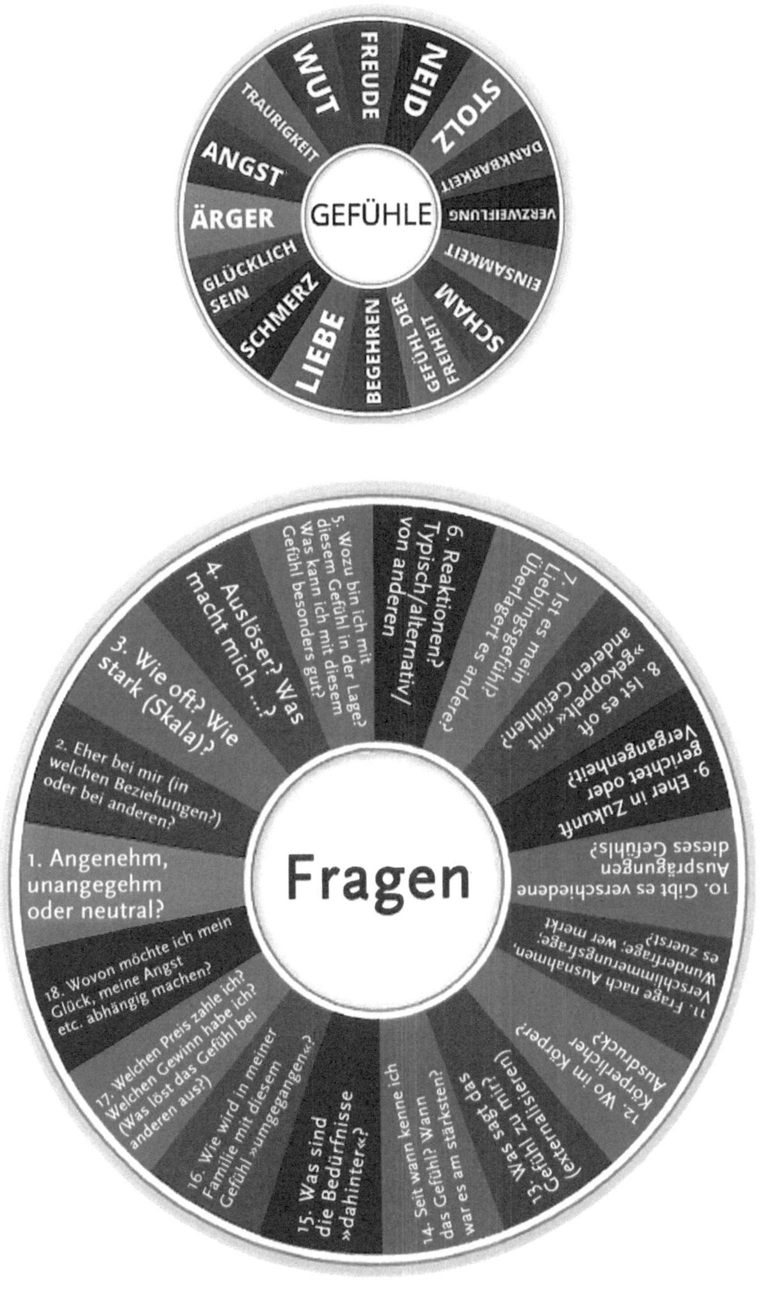

Abb. 9: Das Gefühls-Glücksrad (Rohr 2021)

Wenn man es ein bisschen plakativ ausdrücken möchte, legen Haim Omer, Maria Aarts und Ben Furman einen größeren Fokus auf die Lösungsorientierung als auf eine Selbsterfahrung.

4.5 Weiterbildungskonzepte der einzelnen Methoden

Arist von Schlippe hat Beratung mal als Schnittmenge von »Handwerk, Kunst, Wissenschaft und Profession« beschrieben (von Schlippe 2008), wobei Beratung weder ausschließlich das eine noch das andere ist, vielmehr von allem ein bisschen beinhaltet. Was hieße dies aber für die Lehre von Beratungskonzepten? Was wäre, wenn Beratung eine Meisterlehre wäre, bei der Auszubildende für einen bestimmten Zeitraum ihrem Meister über die Schulter schauen und dann das Können der Meister nachahmen, wie die Analogie zum Handwerk suggeriert? Ließe sich dieses komplexe Erfahrungswissen der Meister in die Form eines fachsystematischen Lehrbuchs überführen? Und wenn Beratung eine Kunst ist? Wären Intuition, Improvisation oder gar die schöpferische Originalität des Genies die passenden Kategorien zur Beschreibung beraterischen Handelns? Und wenn ja, ließen sich derartige Eigenschaften überhaupt als explizites Wissen formulieren und lehren? Und was ist schließlich mit dem Handlungswissen der Profession, das sich in Routinen zur Lösung praktischer Probleme manifestiert? Wie lässt sich dieses Merkmal beraterischer Praxis – vielleicht mit den Begriffen implizites Wissen und Können am besten beschrieben – lehren bzw. erlernen?

Es ist ein Privileg, dass ich mich in meinen universitären Kontexten eben solchen Fragen intensiv widmen darf – ohne den praktischen Bezug zu verlieren (vgl. Rohr, Hummelsheim u. Höcker 2016); gleichsam können sie zur Selbstreflexion einladen: Wie lerne ich zu beraten? Zu erziehen? Wie lerne ich, Kinder und Jugendliche beim Lernen zu begleiten?

In Bezug zu den hier beschriebenen Konzepten konnten wir diese Fragen in den Interviews nur anreißen. Was Hawellek über *Marte Meo* schreibt, lässt sich durchaus auf die *Neue Autorität* und *Ich schaffs!* übertragen:

> »*Marte Meo* wird gelegentlich als ›Meisterlehre‹ charakterisiert. Angesichts des durchaus charismatischen Auftretens der Gründerpersönlichkeit Maria Aarts ist eine derartige Charakterisierung zwar nachvollziehbar, zugleich aber eine problematische Verkürzung auf einen

> Teilaspekt, der zur Popularität von *Marte Meo* zweifelsfrei beigetragen hat« (ebd., S. 233).

Und dennoch unterscheidet sich *Marte Meo* hier grundlegend: Es gibt unterschiedliche Weiterbildungsstufen, die nacheinander absolviert und akkreditiert werden (s. Kap. 2.3).

> »Das Erlernen der Methode erfolgt als ein ›Training on the Job‹. Die eigene pädagogische bzw. soziale Arbeit wird gefilmt, supervidiert und evaluiert. Es liegt daher auf der Hand, dass das Erlernen von *Marte Meo* mit einem intensiven professionellen und persönlichen Lern- und Entwicklungsprozess verbunden ist« (Hawellek 2016, S. 221).

Und weiter beschreibt Hawellek bei der Lehre das methodische bzw. didaktische Vorgehen:

> »*Marte Meo* wird durch die Supervision der eigenen Beratungen erlernt. Im Rahmen der Supervisionen geschieht eine ›Beobachtung zweiter Ordnung‹, indem auf den Beobachter und den Prozess des Beobachtens und Beratens geschaut wird. Präzise Beobachtungen wollen geübt sein. Beim Beobachten von Szenen sagen viele Beobachter – insbesondere diejenigen, die schon in anderen Verfahren therapeutisch ausgebildet sind – nicht, was sie sehen, sondern das, was sie über das, was sie sehen, denken. In den *Marte Meo*-Weiterbildungen üben die Trainees, genau zu unterscheiden, was in der Szene zu sehen ist und was darüber gedacht werden kann. Das, was jeweils zu sehen ist, unterscheidet sich von der Interpretation der Szene, die beobachtet wird« (ebd., S. 228).

Beim *Marte Meo*-Lernprozess wird eine achtsame Haltung für das zu beobachtende Geschehen eingeübt: »Vielleicht ist die einzige Handlungsleitlinie Achtsamkeit« (von Schlippe 2009).

Wer sich in *Marte Meo* weiterbilden möchte, sei auf www.martemeo.com verwiesen – dort finden Sie auch *Marte Meo*-Institute in Ihrer Nähe. Es gibt keine Online-Weiterbildungen.

Haim Omer und Ben Furman sind zwar ebenso aktiv in ihrer Vortrags- und Fortbildungstätigkeit, haben aber weder ein vergleichbares Netzwerk aufgebaut (wobei es natürlich eine durchaus beachtliche Anzahl an *Neue Autoritäts*-Instituten sowie lösungsfokussierten Institute gibt), noch haben sie langjährige Erfahrungen mit curricularen Weiterbildungen – und damit auch (noch nicht) für nachfolgende Generationen von Verteter:innen ihres Ansatzes »gesorgt«. Beide haben gerade eben (2021) ihre ersten curricularen, deutschsprachigen Online-Weiterbildungen konzipiert.

Haim Omer bietet nun einen vollständigen und detaillierten Weiterbildungskurs über seinen Ansatz für Familien auf Deutsch an. Der Kurs umfasst 10 Lektionen von je ca. 60 Minuten und behandelt die grundlegenden Konzepte, praktische Werkzeuge und unzählige Tipps, wie wir unsere Fähigkeit zur Arbeit mit Eltern und anderen Betreuungspersonen verbessern können. Die Einheiten des Kurses sind:

1. Entwicklung des Ansatzes: vom *Gewaltlosen Widerstand* zur Ankerfunktion
2. wie man eine positive und stabile Allianz mit den Eltern schafft
3. wie man den Eltern hilft, Selbstkontrolle zu entwickeln
4. elterliche Präsenz, *Wachsame Sorge* und Vorbeugung von Risikoverhalten
5. wie man das Unterstützungsnetzwerk aufbaut und nutzt
6. Behandlungsstruktur: Eröffnung, Erklärung und Unterstützertreffen
7. Sit-in, Widerstand gegen gewalttätige und selbstzerstörerische Verhaltensweisen, Versöhnungsgesten und Handlungen der Wiedergutmachung
8. die Behandlung von Eltern von Kindern mit Angststörungen
9. die Ankerfunktion im Säuglings- und Kleinkindalter
10. besondere Herausforderungen: z. B. Schulprobleme, Medienmissbrauch oder »Erwachsenenkinder« mit dysfunktionaler Abhängigkeit von den Eltern.

Die Online-Weiterbildung läuft über zwei Monate und wird mit einem Zertifikat abgeschlossen. Infos dazu sind auf www.koelner-institut.de zu finden. Haim Omers eigene Website ist www.haimomer-nvr.com.

Ben Furman hat schon länger englischsprachige Kurse auf seiner Seite www.benfurman.com.

Zurzeit entwickeln wir mit Ben Furman eine ähnliche »erste und einzige modulare Online-Weiterbildung auf Deutsch« (inkl. Supervisionssitzungen); sie dauert ca. drei Monate und hat synchrone und asynchrone Module (inkl. Materialien). Bei Interesse finden Sie mehr Infos ebenfalls unter www.koelner-institut.de.

... und abschließend natürlich noch einmal der Hinweis auf unsere Tagung und unsere Tagungsreihe:

www.tagungsreihe-gelingende-kommunikation.de.

Literatur

Aarts, M. (2016): Marte Meo: Handbuch. Eindhoven (Aarts Productions), 4. leicht überarb. Aufl.

Aarts, M. u. J. Aarts (2020): Marte Meo Handbuch: Das goldene Geschenk. Eindhoven (*Aarts* Productions).

Aarts, M. et al. (2014): Marte Meo: Eine Einladung zur Entwicklung. Eindhoven (Aarts Production).

Becker, A. (2013): Was Anwender/-innen an »Ich schaffs!« schätzen – Ergebnisse einer Expert/-innen-Befragung. In: A. Bentern (Hrsg): Vom Meckern zum Wünschen. Studie zur Wirksamkeit des lösungsfokussierten Programms »Ich schaffs!«. Heidelberg (Carl-Auer), S. 49–84.

Bond, C. et al. (2013): Practitioner review: The effectiveness of solution focused brief therapy with children and families: A systematic and critical evaluation of the literature from 1990–2010. *Child Psychology and Psychiatry* 54 (7): 707–723. DOI: https://doi.org/10.1111/jcpp.12058.

Brandl-Nebehay, A. u. U. Russinger (2005): Systemische Ansätze im Jugendamt – Pfade zwischen Beratung, Hilfe und Kontrolle. *Systemische Therapie* 13: 90–104.

Bugental, J. F. (1964): The third force in psychology. *Journal of Humanistic Psychology* 1: 19–26.

Bünder, P. (2011): Entwicklungsförderung von Risikokindern und ihren Eltern mithilfe von Videoberatung nach der Marte-Meo-Methode [Enhancing development of children at risk and their parents by video counselling according to the Marte Meo method]. *Praxis Der Kinderpsychologie und Kinderpsychiatrie* 60 (5): 333–350. DOI: https://doi.org/10.13109/prkk.2011.60.5.333.

Cepukiene, V. a. R. Pakrosnis (2011): The outcome of solution-focused brief therapy among foster care adolescents: The changes of behavior and perceived somatic and cognitive difficulties. *Children and Youth Services Review* 33 (6): 791–797. DOI: https://doi.org/10.1016/j.childyouth.2010.11.027.

Cepukiene, V., R. Pakrosnis a. G. Ulinskaite (2018): Outcome of the solution-focused self-efficacy enhancement group intervention for adolescents in foster care setting. *Children and Youth Services Review* 88: 81–87. DOI: https://doi.org/10.1016/j.childyouth.2018.03.004.

DeJong, P. a. I. K. Berg (2002): Interviewing for solutions. Pacific Grove (Brooks/Cole).

Deutsche Gesellschaft für Beratung (2003): Beratungsverständnis. Verfügbar unter https://dachverband-beratung.de/dokumente/DGfB_Beratungsverstaendnis.pdf [1.10.2020].

Franc, N. u. H. Omer (2017): Accompagner les parents d'enfants tyranniques. Programme de 13 séances. Les ateliers du praticien. Malakoff (Dunod).

Furman, B. (2020): Ich schaffs! Spielerisch und praktisch Lösungen mit Kindern finden – das 15-Schritte-Programm für Eltern, Erzieher und Therapeuten. Heidelberg (Carl-Auer), 8. Aufl.

Gershy, N. et al. (2017): Randomized clinical trial of mindfulness skills augmentation in parent training. *Child Youth Care Forum* 46 (6): 783–803.

Goddard, N. et al. (2009): »Smeed het ijzer als het koud is«. Non-violent resistance op een acuut psychiatrische afdeling voor adolescenten. *Maandblad Geestelijke Volksgezondheid* 64: 531–539.

Grawe, K. (1995): Grundriss einer allgemeinen Psychotherapie. *Psychotherapeut* 40 (3): 130–145.

Grawe, K. (1998): Psychologische Therapie. Göttingen (Hogrefe).

Green, J. (2017): Basic science and treatment innovation. *The Journal of Child Psychology and Psychiatry* 58: 967–969.

Gregusch, P. (2013): Auf dem Weg zu einem Selbstverständnis von Beratung in der Sozialen Arbeit – Beratung als transprofessionelle und sozialarbeitsspezifische Methode. Bonn (socialnet).

Hartnett, D. et al. (2016): The effectiveness of functional family therapy for adolescent behavioral and substance misuse problems: A metaanalysis. *Family Process* 56: 607–619.

Harvey, L. J., C. Hunt a. F. A. White (2019): Dialectical behavior therapy for emotion regulation difficulties: A systematic review. *Behavior Change* 36: 143–164.

Hawellek, C. (2014): Einladung zum Perspektivwechsel. Die Möglichkeiten der Marte-Meo-Methode in Beratung und Psychotherapie. *Familiendynamik* 39 (1): 38–49. Verfügbar unter https://search.ebscohost.com/login.aspx?direct=true&db=pdx&AN=0275007&site=ehost-live [7.4.2021].

Hawellek, C. (2016): Beratung auf Augenhöhe – Zum Lernen und Lehren beobachtungsgeleiteter Beratung nach der Marte Meo Methode. In: D. Rohr, A. Hummelsheim u. M. Höcker (Hrsg.): Beratung lehren – Erfahrungen, Geschichten, Reflexionen aus der Praxis von 30 Lehrenden. Weinheim (Beltz), S. 221–236.

Hawkins, J. D. et al. (1987): Delinquency prevention through parent training: Results and issues from work in progress. In: J. Q. Wilson a. G. C. Loury (eds.): From children to citizens: Families, schools, and delinquency prevention. Berlin (Springer), pp. 186–204.

Hoeve, M. et al. (2011): Maternal and paternal parenting styles: Unique and combined links to adolescent and early adult delinquency. *Journal of Adolescence* 34: 813–827.

Kahan-Strawczynski, P. a. D. Levi (2011): Characteristics and needs of minors under the care of the Juvenile Probation Service. Myers-JDC Brookdale Institute and the Ministry of Social Affairs and Social Services. DOI: https://brookdale.jdc.org.il/en/publication/characteristics-needs-minors-care-juvenile-probation-service.

Kahn, D. T. et al. (2019). Measuring parental anchoring: The development and validation of the Parental Anchoring Scale. *Testing, Psychometrics, Methodology in Applied Psychology* 26 (2): 1–16.

Kazdin, A. E. (1997): Parent-management training: Evidence, outcomes and issues. *Journal of the American Academy of Child & Adolescent Psychiatry* 36: 1349–1356.

Kim, J. S., M. S. Kelly a. C. Franklin (2008): Solution-focused brief therapy in schools. New York (Oxford University Press).

Lahey, B. B. et al. (2008): Is parental knowledge of their adolescent offspring's whereabouts and peer associations spuriously associated with offspring delinquency? *Journal of Abnormal Child Psychology* 36 (6): 807–823.

Lavi-Levavi, I., I. Shachar a. H. Omer (2013): Training in nonviolent resistance for parents of violent children: differences between fathers and mothers. *Journal of Systemic Therapies* 32 (4): 79–93.

Lebowitz, E. R. (2013): Parent-based treatment for children and adolescent OCD. *Journal of Obsessive-Compulsive and Related Disorders* 2: 425–431.

Lebowitz, E. et al. (2012): Parent training in non violent resistance for adult entitled dependence. *Family Process* 51: 90–106.

Lebowitz, E. et al. (2014): Parent training for childhood anxiety disorders: The SPACE program. *Cognitive and Behavioral Practice* 21 (4): 456–469.

Lebowitz, E. R. et al. (2019): Parent based treatment as efficacious as cognitive behavioral therapy for childhood anxiety: A randomized noninferiority study of Supportive Parenting for Anxious Childhood Emotion. *Journal of the American Academy of Child & Adolescent Psychiatry*. DOI: https://doi.org/10.1016/j.jaac.2019.02.014.

Lothringer, Z. (2020): Vigilant care among juvenile offenders: Development of a short-term intervention for parents and an analysis of its efficiency and theoretical basis. (Doctoral dissertation. Tel Aviv University).

Mills, L. et al. (2019): Dialectical behavior therapy for forensic service users: A systematic literature review and meta-analysis of the literature. *Journal of Psychiatric Intensive Care* 15: 45–49.

Morgan, G. (2016): Organizational change: A solution-focused approach. *Educational Psychology in Practice* 32 (2): 133–144. DOI: https://doi.org/10.1080/02667363.2015.1125855.

Mulvey, P. E., W. M. Arthur a. N. D. Reppucci (1993): The prevention and treatment of juvenile delinquency: A review of the research. *Clinical Psychology Review* 13: 133–167.

Nestmann, F. u. F. Engel (2002): Beratung – Markierungspunkte für eine Weiterentwicklung. In: F. Nestmann u. F. Engel (Hrsg.): Die Zukunft der Beratung. Tübingen (DGVT), S. 51–78.

Newman, M., C. Fagan a. R. Webb (2013): The efficacy of non-violent resistance groups in treating aggressive and controlling behaviour in children and young people: a preliminary analysis of pilot NVR groups in Kent. *Child and Adolescent Mental Health* 19 (2): 138–141.

Ollefs, B. et al. (2009): Jugendliche mit externalem Problemverhalten. Effekte von Elterncoaching. *Familiendynamik* 34 (3): 256–265.

Omer, H. (2015): Wachsame Sorge. Wie Eltern ihren Kindern ein guter Anker sind. Göttingen (Vandenhoeck & Ruprecht).

Omer, H. u. R. Haller (2019): Raus aus der Ohnmacht: Das Konzept Neue Autorität für die schulische Praxis. Göttingen (Vandenhoeck & Ruprecht).

Omer, H. u. E. Lebowitz (2012). Ängstliche Kinder unterstützen: Die elterliche Ankerfunktion. Göttingen (Vandenhoeck & Ruprecht).

Omer, H. u. A. von Schlippe (2004). Autorität durch Beziehung. Die Praxis des Gewaltlosen Widerstands in der Erziehung. Göttingen (Vandenhoeck & Ruprecht).

Omer, H. u. A. von Schlippe (2010). Stärke statt Macht. Neue Autorität in Familie, Schule und Gemeinde. Göttingen (Vandenhoeck & Ruprecht).

Omer, H. u. P. Streit (2016). Neue Autorität: Das Geheimnis starker Eltern. Göttingen (Vandenhoeck & Ruprecht).

Omer, H. et al. (2006). Non-violent resistance and school-violence: Program description and preliminary findings (in Hebrew). *Mifgash: Journal of Social-Educational Work* 23: 103–120.

Orlinsky, D. E., M. H. Ronnestad a. U. Willutzki (2004): Fifty years of psychotherapy process-outcome research: Continuity and change. *Bergin and Garfield's handbook of psychotherapy and behavior change* (5): 307–389.

Pfammatter, M., U. M. Junghan u. W. Tschacher (2012): Allgemeine Wirkfaktoren der Psychotherapie: Konzepte, Widersprüche und eine Synthese. *Psychotherapie* 17 (1): 17–31.

Purper-Ouakil, D. (2004): Enfants tyrans, parents souffrants. Paris (Aubier).

Quitmann, H. (1991): Humanistische Psychologie. Göttingen (Hogrefe).

Rogers, C. R. (1977): Die nicht-direktive Beratung. Reinbek bei Hamburg (Rowohlt).

Rohr, D. (2016a): Eine kleine Theorie-Einführung in Systemische und Humanistische Ansätze am Beispiel des Inneren Teams. Mit Begleittexten von Friedemann Schulz von Thun, Bernd Schmid und Jürgen Kriz. Weinheim (Beltz).

Rohr, D. (2016b): Der Gesprächsansatz nach C. Rogers. In: B. Szczyrba et al. (Hrsg.): Coaching (in) Diversity an Hochschulen. Wiesbaden (Springer VS), S. 121–135.

Rohr, D. (2017a): Über die Arbeit mit Genogrammen – Auswertung von ExpertInneninterviews zur Genogrammerstellung. Heidelberg (Carl-Auer).

Rohr, D. (2017b): Standpunkte zu »Aus- und Weiterbildung in Beratung« – Editorial. In: D. Rohr (Hrsg.): *Kontext – Zeitschrift für Systemische The-*

rapie und Familientherapie. Schwerpunktheft Aus- und Weiterbildung in Beratung. 3/2017. Göttingen (Vandenhoeck & Ruprecht).

Rohr, D. (in Vorb.): minihandbuch beraten - Eine kleine Praxis-Einführung mit 10 Prinzipien für 100 Interventionen. Weinheim (Beltz).

Rohr, D., A. Hummelsheim u. M. Höcker (Hrsg.) (2016): Beratung lehren – Erfahrungen, Geschichten, Reflexionen aus der Praxis von 30 Lehrenden. Weinheim (Beltz).

Rohr, D. u. K. Meiners (2021): Kinder in ihrer Bildung begleiten – Das KibBibe-Projekt. Empirische Bildungsforschung zu den Interaktionselementen des Marte-Meo-Beratungsmodells. Heidelberg (Carl-Auer).

Rohr, D., K. Spath u. E. Aschermann (in Vorb.): Genogramme in Beratung und Therapie: Übersicht über die aktuelle Forschung. *Familiendynamik – Systemische Praxis und Forschung* 1.

Rohr, D. et al. (2020): A mixed methods research study on the video-based counselling method Marte Meo. *Counselling and Psychotherapy Research Journal* 21 (1): 130–142. DOI: https://doi.org/10.1002/capr.12380.

Satir, V. (2013): Selbstwert und Kommunikation. Familientherapie für Berater und zur Selbsthilfe. Stuttgart (Klett-Cotta).

Schlippe, A. von (2008): Systemische Praxis zwischen Handwerk, Kunst, Wissenschaft und Profession. *OSC Organisationsberatung – Supervision – Coaching* 15 (4): 455–467.

Schlippe, A. von u. J. Schweitzer (2009): Systemische Interventionen. Stuttgart (UTB).

Schorr-Sapir, I. (2018): The efficacy of »nonviolent resistance« parent training for treating ADHD in children. (Dissertation. Tel-Aviv University).

Schorr-Sapir, I., N. Gershy a. H. Omer (in Vorb.): Parent-training in nonviolent resistance for children with attention deficit hyperactivity disorder: A controlled outcome study. *European Child & Adolescent Psychiatry*.

Schubert, F.-C., D. Rohr u. R. Zwicker-Pelzer (2019): Beratung: Grundlagen – Konzepte – Anwendungsfelder. Wiesbaden (Springer).

Sela, Y. (2019): Examining efficacy of »technological parental monitoring« versus »parental vigilant care« for reducing problematic internet usage among adolescents. (Doctoral dissertation. Tel Aviv University).

Shimshoni, Y., W. K. Silverman a. E. R. Lebowitz (2020): SPACE-ARFID: A pilot trial of a novel parent-based treatment for avoidant/restrictive food intake disorder. *International Journal of Eating Disorders*. DOI: 10.1002/eat.23341.

Shimshoni, Y. et al. (2015): Effects of parental vigilant care and feedback on novice driver risk. *Journal of Adolescence* 38: 69–80.

Shuanghong, J. a. H. Niemi (2020): Teachers support of students' social-emotional and self-management skills using a solution-focused skillful-class method. *The European Journal of Social and Behavioural Sciences*. Vol. XXVII: 3096–3114.

Simons, L. G. a. R. D. Conger (2007): Linking mother-father differences in parenting to a typology of family parenting styles and adolescent outcomes. *Journal of Family Issues* 28: 212–241.

Smith, M. L., B. V. Glass a. T. I. Miller (1980): The benefits of psychotherapy. Baltimore, MD (Johns Hopkins University Press).

Stattin, H., M. Kerr a. W. J. Burk (2010): A reinterpretation of parental monitoring in longitudinal perspective. *Journal of Research on Adolescence* 20 (1): 39–64.

Stephan, J. (2013): Wie wirkt »Ich schaffs!«? Ergebnisse einer Online-Befragung zur Evaluation des lösungsfokussierten Kompetenzförderungsprogramms für Kinder. In: A. Bentern (Hrsg): Vom Meckern zum Wünschen. Studie zur Wirksamkeit des lösungsfokussierten Programms »Ich schaffs!«. Heidelberg (Carl-Auer), S. 17–48.

van der Stouwe, T. et al. (2014): The effectiveness of multisystemic therapy (MST): A meta-analysis. *Clinical Psychology Review* 34: 468–481.

van Gink, K. (2019): Strike while the iron is cold. The adaptation, implementation and effectiveness of non-violent resistance in residential settings for children and adolescents. (Doctoral dissertation). Amsterdam (Ipskamp)

van Holen, F., J. Vanderfaeillie a. H. Omer (2016): Adaptation and evaluation of a nonviolent resistance intervention for foster parents: A progress report. *Journal of Marital and Family Therapy* 42 (2): 256–271. DOI: 10.1111/jmft.12125.

van Holen, F. et al. (2018): Training in non-violent resistance for foster parents: A randomized controlled trial. *Research on Social Work Practice* 28 (8). 931–942. DOI: 10.1177/1049731516662915.

Weinblatt, U. u. H. Omer (2008): Nonviolent resistance: a treatment for parents of children with acute behaviour problems. *Journal of Marital and Family Therapy* 34 (1): 75–92.

Zimbardo, P. G. (1992): Psychologie. Berlin (Springer).

Über die Autoren und die Autorin

Dirk Rohr, Dr., erhielt 2004 den Ruf auf die Professur für Kommunikation in pädagogischen Handlungsfeldern der Universität Oldenburg. Seit 2009 ist er Leiter des Arbeitsbereichs Beratungsforschung als auch des Zentrums für Hochschuldidaktik an der Humanwissenschaftlichen Fakultät der Universität zu Köln sowie Günder und Leiter des koelner institut für Beratung und pädagogische Professionalisierung (www.koelner-institut.de). Von 2016–2019 war er im Geschäftsführenden Vorstand der Deutschen Gesellschaft für Beratung (DGfB). 2017–2022 war er Member of the Governing Board, European Association for Counselling (EAC); 2019–2022 Präsident der EAC. Seit 2018 ist er Herausgeber der Reihe »Beratung, Coaching, Supervision« im Carl-Auer Verlag. Von 2019–2022 war er Member Executive Council, International Association for Counselling (IAC) und für die IAC in mehreren WHO-Projekten. Seit April 2025 ist er Aufsichtsrat der Deutschen Gesellschaft für Systemische Therapie, Beratung und Familientherapie (DGSF).

Haim Omer, Prof. Dr., ist ein israelischer Psychologe und seit 1998 Lehrstuhlinhaber für Klinische Psychologie an der Universität Tel Aviv. Zuvor war er wissenschaftlicher Mitarbeiter der Harvard University. Im deutschsprachigen Raum ist er insbesondere durch sein Konzept der *Neuen Autorität* bekannt.

Maria Aarts, Director of *Marte Meo* International, ist Niederländerin und entwickelte die *Marte Meo*-Methode, eine Methode zur Entwicklungsunterstützung. Sie hilft mit Videoaufnahmen von Alltagsinteraktionen, Entwicklungsprozesse anzuregen und zu unterstützen. Die Methode wird in 53 Ländern und in 30 verschiedenen Berufsgruppen eingesetzt. Sie arbeitete 1974 in einem Kinderheim, 1976 in einer kinderpsychiatrischen Einrichtung und entwickelte 1978 mit einem Kollegen eine Tagesgruppe als Alternative zur stationären Unterbringung.

Ben Furman, Dr. med., ist ein finnischer Psychiater, Psychotherapeut und Mitgründer des Helsinki Brief Therapy Institute, das er zusammen mit Tapani Ahola leitet. Er gilt als international anerkannter Experte für lösungsfokussierte Therapie, Beratung und Pädagogik und entwickelte das lösungsfokussierte Lern- und Arbeitsprogramm *Ich schaffs!*. Publikationen u. a.: *Ich schaffs! Spielerisch und praktisch Lösungen mit Kindern finden – Das 15-Schritte-Programm für Eltern, Erzieher und Therapeuten* (9. Aufl. 2021), *Gut gemacht! Das »Ich-schaffs!«-Programm für Eltern und andere Erzieher* (4. Aufl. 2021), *Es ist nie zu spät, erfolgreich zu sein* (zus. mit Tapani Ahola, 3. Aufl. 2021), *Jetzt gehts! Erfolg und Lebensfreude mit lösungsorientiertem Selbstcoaching* (zus. mit Rolf Reinlaßöder, 2. Aufl. 2013).